VIVIR SIN PEDIR PERMISO

Yaya Bushcraft

VIVIR SIN PEDIR PERMISO

En un mundo que impone las normas, la insumisión será un lujo

Rocaeditorial

Primera edición: marzo de 2026

Printed in Spain – Impreso en España

ISBN: 979-13-87629-02-1
Depósito legal: B-23.236-2025

Compuesto en Grafime, S. L.

Impreso en Huertas Industrias Gráficas, S. A.
Fuenlabrada (Madrid)

RE29021

Hay dos personas muy importantes en mi vida
a las que dedico este libro con toda la fuerza
de mi cariño: una es mi hija Miriam, mi gran Maestra;
la otra, mi querida super-Farnes, la mujer que creyó en mi
proyecto, y gracias a la cual hoy podéis leer este libro

ÍNDICE

Solo los locos y los solitarios pueden permitirse el lujo de ser ellos mismos. Porque los solitarios no necesitan complacer a nadie y a los locos no les importa ser comprendidos.

CHARLES BUKOWSKI

En mi amada locura y amada soledad descubrí a los sesenta y ocho años que una vez fui montaña; desde entonces estoy aprendiendo a hacer cabañas estilo bushcraft en el bosque.

Nunca dejes de perseguir tus sueños, tengas la edad que tengas, o te convertirás en un muerto viviente jodiendo la marrana a los demás.

YAYA BUSHCRAFT

PRÓLOGO

Cuando conocí a Yaya, aún no había cabañas. Solo una niña de setenta años por dentro, que me hablaba con los ojos llenos de vida, como quien está a punto de empezar algo grande sin tener muy claro qué es.

Yo venía del mundo de las redes, del marketing, del ruido digital, de las tendencias que nacen y mueren antes de que puedas entenderlas. Y ella venía de la vida real. De esa vida que no necesita filtro ni algoritmo.

Le dije algo así como: «Yaya, tienes que subir esto a TikTok». Me miró, sonrió con una mezcla entre duda y curiosidad, y me dijo: «¿Quién va a querer ver a una vieja haciendo una cabaña?». Y ahí, sin saberlo, empezó todo.

Nunca imaginó que justo eso —una «señora mayor» construyendo una cabaña con sus manos, riendo, manchándose, equivocándose y volviendo a empezar— era lo que el mundo necesitaba ver. En una época donde todo parece falso, ella se plantó en el bosque y fue brutalmente real.

Su disrupción no vino de una estrategia ni de un plan de marca. Vino de existir tal cual es. Mientras muchos de mi generación buscamos la autenticidad con *workshops*, *branding* y *storytelling*, Yaya la encarna sin darse cuenta. No necesita pensarlo. Lo vive.

A los setenta años, rompió con todos los guiones posibles: el de la edad, el del género, el del miedo.

Yo me dedico a estudiar lo que funciona en internet: entender por qué algo conecta, por qué algo se vuelve viral. Y con Yaya, la respuesta fue tan simple que dolía: conecta porque es verdad. No hay actuación, ni maquillaje, ni postureo. Hay sudor, hay leña, hay vida.

Y en ese proceso, ella no solo construyó una cabaña. Construyó un símbolo. Un recordatorio de que la juventud no es un número, sino una frecuencia interna.

Lo que más admiro de Yaya no es su habilidad con las herramientas (aunque es una bestia con la motosierra, hay que decirlo). Lo que admiro es su energía vital: esa mezcla entre calma y fuego, entre sabiduría y curiosidad infantil. Su manera de mirar el mundo, de hablar con los árboles, de improvisar soluciones que ningún tutorial te enseñará jamás. Su manera de no tener miedo al ridículo, ni a la edad, ni al fracaso. Su manera de vivir como si el tiempo no fuera una amenaza, sino una herramienta más.

El futuro no pertenece a los jóvenes, sino a los vivos.

Yaya no está «volviendo al pasado», está hackeando el presente. Su bosque no es una huida, es una protesta silenciosa. Una forma de decirle al sistema: «No necesito tus normas para sentirme libre».

Para mí, haberla acompañado desde el principio ha sido una lección sobre lo que realmente significa crear. No crear contenido, sino crear vida.

Lo que empezó como un experimento de redes se convirtió en un movimiento. En un espejo que nos devuelve preguntas incómodas: ¿estamos viviendo o solo documentando la vida? ¿Estamos construyendo algo real o solo publicando fragmentos bonitos?

Yaya no da discursos motivacionales. No te dice qué hacer. Solo te muestra cómo se clava una viga, cómo se corta una rama, cómo se calienta una sopa al fuego..., y en ese gesto, te enseña más que mil cursos sobre propósito.

Cada vez que hablo con ella, me doy cuenta de que el futuro no está en Silicon Valley ni en la IA generativa. Está en las manos de una mujer que no teme empezar, aunque todos le digan que ya no le toca. Y eso, para mí, es la definición pura de disrupción.

Yo solo tuve la suerte de decirle un día: «Súbelo a TikTok». Y de ser testigo de cómo una chispa se convirtió en fuego. Porque cuando alguien tan real como Yaya entra en el mapa digital no solo inspira: reprograma la manera en que entendemos la vida.

VINCENT LAMARCA

INTRODUCCIÓN

UNA VEZ FUI MONTAÑA, Y DESDE ENTONCES ADORO HACER CABAÑAS EN EL BOSQUE

Una pregunta me surge de no sé qué profundidades: ¿qué niña o niño no quiso jugar a las cabañas o hacerse una cabaña?

Recuerdo que de peque me encantaba esconderme debajo de los faldones del mantel de la mesa del comedor de mis padres, y me imaginaba que estaba en una cabaña en el bosque rodeada de lobos, osos y animales salvajes, que, por cierto, eran mis amigos.

Pasaba las vacaciones mitad en un pueblito de montaña, mitad en uno de playa, y en ambos siempre estaba deambulando por el bosque porque sabía que tras cada matorral o helecho vivían las hadas, los gnomos y los duendes. Me resultaba fascinante imaginarme su vida y sus hogares, tanto que una vez pasadas las vacaciones y ya en la ciudad, mi pasatiempo preferido era observar de noche las luces que salían de los ojos de las casas (ventanas). ¿Qué mundo lleno de magia escondían esas luces? Y mi imaginación volaba a lugares donde los seres humanos no tenían cabida, solo los mágicos, que siempre eran pocos. Por cosas como esta es por lo que siempre digo en las entrevistas que físicamente tengo setenta años, pero mentalmente no llego a los seis, porque los adultos me aburren soberanamente con su mundo estrecho, pequeño, lleno de prohibiciones, malas caras y malos humores. Con lo bonita que es la vida, ¿cómo podemos quedarnos pillados en cosas tan absurdas como la compra de un coche, un piso o una casa? Porque de hambre, lo que se dice de hambre, hoy en día y en Europa, solo se muere el alma.

Tomad asiento, queridas o queridos lectores, y poneos cómodos. Este no va a ser un libro largo, pero **si os gustan las aventuras, tanto personales como emocionales, y os gustan los personajes disruptivos, será vuestro libro. Os garantizo una casi casi tragicomedia, en la que vais a reír y os vais a entusiasmar con las cabañas estilo bushcraft. O tal vez no os guste, pero os garantizo que no os va a dejar indiferentes.**

> Tengo un sueño que me sobrepasa por todas partes; me sobrepasa por edad, por complexión, pues soy canija y delgadilla, y por conocimientos, dado que de construcción no tengo idea de nada, pero quiero morir en una cabaña hecha por mí, y ese poderoso deseo es tan fuerte que me da las fuerzas suficientes para superar todos los obstáculos que van saliendo.

Y vaya si han salido obstáculos: desde un grave accidente a las enormes pifias de mi tercera cabaña —que en la actualidad tiene una pared que se cae—, pasando por el descubrimiento de que los troncos viejos tienen carcoma y de que el tejado de la tercera cabaña salió con un desnivel del 40 por ciento —vamos, que hice una piscina en vez de un tejado a dos aguas—. Pero nada de todo ello me detiene, al contrario, cada error, cada equivocación, cada metedura de pata —en una palabra: cada desafío— es para mí un reto para aprender algo nuevo, cosa que me apasiona, me vuelve loca y me da vida; pues las cosas fáciles me aburren.

Ahora estoy a punto de terminar la pared norte de mi cuarta cabaña, hecha con troncos de castaño cortados a cuarenta centímetros, rebozados con cal, arcilla, paja y arena, previamente quemados (curados), y escribiendo este libro que me ha encargado mi editora; otro nuevo reto y, cómo no, un nuevo aprendizaje. El sueño de morir en una cabaña hecha por mí ha requerido no solo aprender a construir al estilo bushcraft, sino a manejarme en las redes sociales, a grabar vídeos, a editarlos y a profundizar en el SEO para que mis vídeos de YouTube tengan muchas visualizaciones y poder monetizar, je, je. El broche de oro lo culmina este libro, que, si bien no es el primero que escribo, sí lo es para una gran editorial. ¿Gustará mi estilo? Ay, qué nervios.

¿Mi lema? Si me seguís en redes ya lo sabéis: #QUERERESPODER. Y que no os amilanen con eso de la edad, de que ya sois mayores, de si estáis locas o locos, de que eso no es para vosotros, con los «¿adónde vas, alma de cántaro?» y varios lemas más dicen que bienintencionados, pero que tienen el poder de cortar las alas a los que quieren volar. Volad y, si os caéis, os levantáis, os curáis con mercromina, os ponéis una tirita y dejáis que vuestro instinto guíe vuestros pasos. Porque no sé si lo sabéis, pero de esta vida no se sale con vida, así que vivid la vuestra cuanto más loca mejor, y dejad que los demás vivan su muerte en vida.

1

¿QUIÉN ES YAYA BUSHCRAFT?

Amanece. El silencio de la casa es contundente, roto solo por el suave ronroneo de las olas del mar al aterrizar en la arena.

Una niña de unos ocho años está a punto de vivir una experiencia no solo única para ella en toda su vida, sino para la mayoría de los mortales nacidos en ciudades y pueblos de montaña. Con su amiguita francesa, Josephine, se dispone a caminar hacia el horizonte en busca de aventuras. Está tan emocionada que no se le ha pasado por la cabeza avisar a nadie de su partida. «¿Para qué? ¿Para que me digan que no? Yo me voy».

Las dos niñas emprenden camino por la orilla del mar mientras va quedando desdibujado por los primeros rayos del sol el contorno de las casas del pequeño pueblito costero de Torredembarra.

De pronto, encuentran su primer tesoro en la arena: una vieja y deshilachada canasta de mimbre con un asa medio rota y la otra a punto de romperse, y a su lado una botella de cristal color esmeralda brillante que hace las delicias de las dos niñas. «Mira –dice Josephine–, a lo mejor contiene un mensaje». Agitan la botella en busca de si hay alguno escrito por un pirata desesperado que se ha quedado anclado en las orillas de una isla lejana y exótica, lleno de pájaros de colores con picos dorados y plumas acarameladas. Nada, ningún mensaje, pero la botella va a parar al fondo de la deshilachada cesta, que al recibir el golpe sordo del cristal recuerda el gruñir de algún animal herido.

Espíritu de superación

Os voy a definir quién es Yaya Bushcraft en cuatro sencillas palabras: un espíritu de superación. Esa es Yaya, esa soy yo.

Desde que era niña me han atrapado historias y sueños digamos que poco comunes, al menos en los años en que yo crecí.

Primero de todo, mujer. Recuerdo que mi madre solía decir que a los hombres se les conquista por el estómago, y que yo le contestaba: «Vale, pues ya lo mandaré a comer al restaurante». Me divertían más las pistolas y juguetes de mi hermano que las casitas, las muñecas y las cosas consideradas femeninas. La niña salió «rarita».

Nací en una sociedad muy católica, apostólica y romana, pero tuve suerte de que en mi casa eran rarillos también, pues me crie en una familia burguesa, medio ácrata y bastante bohemia. Desde pequeña fui muy muy curiosa, contraviniendo las normas que la sociedad dictaba en aquellos momentos, aunque, repito, mis padres nunca cumplieron dichas normas: ambos provenían de familias burguesas y mi madre —¡qué escándalo!— era cinco años mayor que mi padre. Años cincuenta, posguerra civil, pleno franquismo, y va mi madre y se casa con un chico cinco años menor; y va mi padre y se pasa por el forro toda la tontería familiar y social; hurra por ellos. Ambos eran artistas: mi padre joyero industrial, mi madre escultora.

Quizá por todo ello crecí siendo una perfecta iconoclasta que a cada paso que he dado y doy rompo esquemas sin querer romperlos, tan solo por mi forma de ver y sentir la vida.

Mi último sueño es Yaya Bushcraft, un sueño que cuando lo empiezo, a los sesenta y ocho años, me supera por todas partes menos por una: la pasión.

En mi caso, la hija de la pasión es la constancia, una compañera que siempre ha estado a mi lado sin ser yo consciente de ella y que se ha confundido con la terquedad, la tozudez o la rebeldía dependiendo de la época en que escuchara esas palabras en boca de los demás. Ni te cuento la de juicios de valor que he tenido que torear y que toreo.

La conciencia de quién es Yaya Bushcraft me llega a los sesenta y ocho años de la mano de mis cabañas: constancia en estado puro, vida en estado puro, alegría en estado puro, amor por la vida en estado puro.

El broche final viene cuando uso toda la fuerza que tengo para **llevar a cabo la gran locura: construir una cabaña desde cero conocimientos, en medio de un bosque y al estilo bushcraft.**

Y entonces me digo: «Ole, mi niña, que vengan a toserme, que vengan. Eres grande, pequeña, eres muy grande, tan grande que hasta te cuesta creerlo e incluso te da un poquitín de vergüenza pensarlo».

Mi cabaña es un proceso de aprendizaje tanto externo como interno, una presencia silenciosa que me demuestra que crezco con cada reto que la construcción plantea y que supero sin tener conciencia de ello. Al contemplar el camino recorrido, la punzada de inmensa satisfacción por lo que consigo, por los obstáculos superados, se solidifica en mi consciencia y me devuelve la imagen de una mujer a la que admiro. Aun con el estómago revuelto por el miedo a la crítica ajena, camino, aprendo tras cada caída, error o metedura de pata, levanto las cabañas de la superación constante, soluciono, vuelvo a meter la pata, a cagarla, y vuelvo a intentarlo, cambio el enfoque, sigo y persigo hasta que lo consigo, y no busco si está bien o mal hecho, sino el placer inconmensurable de aprender haciendo. Con el tiempo y la práctica, me digo, acabará saliendo *niquelao*, no tengo ninguna duda.

Y así está siendo la cosa.

La magia del bushcraft

Los que me conocéis por redes sociales seguramente sabéis perfectamente lo que es el bushcraft. Pero para los nuevos —que ya lleváis unas cuantas páginas leyéndome—, quizá sea momento de explicaros bien en qué consiste este estilo de vida. Según san Google, el bushcraft es la técnica de hacer cabañas en el bosque, utilizando en lo posible materiales autóctonos y herramientas manuales. No es lo mismo hacer una cabaña en medio del Oeste americano, cuyo clima es especial, que hacerla en los maravillosos bosques de Laponia o de Turquía. En los del norte, los troncos suelen ser, por lo que he visto en los vídeos, de abeto, y en la península turca del maravilloso abedul, el árbol blanco.

He leído que el bushcraft tiene su origen en los primeros europeos que arribaron a las costas de Australia, que para cobijarse utilizaron la madera del lugar, las piedras del entorno y todo aquello que tuvieran a mano. Hoy en día se le llamaría «método sostenible para vivir en el campo».

Construir una cabaña bushcraft en España requiere necesidades diferentes a las de otros climas, y dentro de la misma España no es lo mismo construir en el norte que en el sur, en el este que en el oeste. Mandan los tipos de árboles de la zona, el clima, la tierra —si es húmeda, si es arcillosa o arenosa—, qué clase de piedras hay. ¿Por qué? Pues porque a la hora de hacer paredes y juntar troncos o cubrir el tejado, no es lo mismo un clima húmedo que uno seco (en el primero la arcilla y la paja quizá no duren tanto como en el segundo). Todo esto lo he ido aprendiendo a partir de la práctica y la experiencia al hacer las cabañas, y no se aprende en un día, ni en dos ni en tres: requiere de una hábil observación de la naturaleza que te rodea, y de un total y absoluto respeto por el entorno. Al menos para mí y todos los bushcrafteros que conozco, la interacción con el entorno es sagrada, dado que de ello depende que el lugar sea tu pequeño paraíso o un pequeño infierno.

Por regla general, todos disfrutamos de la interacción con el bosque, con sus peculiaridades, con su fauna y su vegetación y con el aprendizaje continuo que nos regala la madre naturaleza cuando convivimos con ella intensamente. No se trata de ir a dar un paseo o comer en un bosque o ir a buscar setas o castañas, ni desde luego de tratar a la madre naturaleza como si fuera tu cubo de basura particular. No es solo sentir los diferentes aromas que destila cada flor, el murmullo del riachuelo, escuchar las pisadas de su fauna: conejos, zorrillos, ciervos, jabalíes... (estos son los que oigo y veo en mi zona). Se trata de saber reconocer los beneficios de cada planta, el olor, color y matices de cada tronco, los peculiares cantos de cada pajarillo —en mi caso los mirlos—, el tipo de terreno que tienes, si hay aguas subterráneas... Y, por supuesto, de saber cuidar de tu pedacito de bosque, limpiándolo y creando cortafuegos para evitar desgracias. Se demostró el pasado verano con los incendios en Galicia, Castilla y León y Asturias que gracias a los cortafuegos más de un pueblo se salvó de ver arder sus casas.

Bushcraft va mucho más allá de hacer cabañas con madera y con los materiales del entorno; es el arte de saber trabajar la madera y de hacer encajes a mano, sin clavos, con herramientas manuales como mi taladro manual. Va mucho más allá de saber hacer fuego con un pedernal o emplumados con un tronquito (sacarle virutas con el cuchillo hasta que parezca la cabeza de un pollo emplumado) para acelerar el proceso. Bushcraft es una manera de vivir y entender la vida en la que la interacción con el entorno es básica para desarrollar un proyecto de vida basado en el conocimiento de los recursos naturales, la independencia máxima del consumismo y por ende de las comodidades derivadas de la electricidad y el agua corriente. Y es fácil porque el agua se recoge de la lluvia, o se va a buscar al río como es mi caso, o se «cultiva», que es lo que quiero aprender a hacer, la electricidad se obtiene con placas solares y si necesitas internet, una conexión con vía satélite y listo.

No se trata de volverse un ermitaño tosco y huraño, como tampoco de un urbanita dependiente de todo lo que se mueve a su alrededor, sino de saber integrar lo que te gusta de ambos mundos: en mi caso, las placas solares y el internet vía satélite, como ya hacen todos los nómadas digitales que hay recorriendo el mundo, y el agua a través de vasijas comunicantes como se hacía antaño, entre muchas otras maneras.

Mi lema siempre es «Si quieres, puedes». En mi opinión, este debería estar inscrito en todas las escuelas del mundo, en todos los hogares, aeropuertos, cines, jardines públicos, bibliotecas y espacios publicitarios, para recordar al personal que todo depende de la actitud con que enfrentamos las cosas que nos suceden, y que —esta es mi teoría— las provocamos nosotros mismos, bien para aprender algo al respecto, bien para darnos cuenta de nuestra fuerza, nuestro valor y nuestra maestría. Al vivir con semejante consciencia tu vida, tienes muy claro lo potente que eres, lo fabulosamente potente que somos los humanos.

Pero hay que tener claro también que en este contexto solo hay cabida para guerreras y guerreros, porque ser coherente con una misma solo es apto para personas altamente comprometidas con su evolución personal. ¿Lo fácil? La jodida queja continua cuando entramos en la sutil comparación inconsciente que hacemos con los demás: «Fíjate qué suerte ha tenido menganita», «fulano tiene un coche estupendo, o una casa que ya quisiera para mí», «esta es rubia, delgada, alta, y yo soy baja, canija y regordeta», «él o ella es más inteligente que yo»... Esa constante comparación nos impide valorarnos a nosotros mismos por lo que tenemos y genera la queja por lo que no tenemos. Y por si fuera poco os dejo una reflexión: esas comparaciones que nos hacemos *sotto voce* y que nos mantienen descontentos con nosotros mismos, ¿te has parado a averiguar de dónde carajo salen? Eres baja. ¿Ah, sí? ¿En comparación con quién soy baja? O eres fea. ¿Ah, sí? ¿En comparación con qué modelo de belleza? O es que ese tiene mucha suerte. ¿Ah, sí? ¿En comparación con qué calculas que tiene más suerte que tú, o que todo le sale bien y a ti siempre te sale todo mal? ¿En comparación con qué estás definiendo la suerte del otro o el hecho de que todo le salga bien? Para mí este es un tema muy interesante, pues yo también he sido víctima de esa constante queja en la que siempre perdía, hasta que descubrí (hace años afortunadamente) que mi mayor suerte radicaba justo en valores míos muy personales que, al no encontrar dónde validarlos externamente, había descartado y escondido en lo más profundo de mi ser. Más adelante volveré a hablar de ello, dado que considero de suma importancia tener claro lo siguiente: que si valoramos tal como somos y lo que tenemos, obtendremos mucha paz mental. Y cuando tenemos paz mental hay más energía, alegría y resolución en todos nuestros actos y decisiones.

Aprender haciendo

Usar herramientas manuales como el taladro manual, los clavos de madera que hago yo misma, aprender a hacer encajes con la sierra para juntar troncos..., en resumen: aprender el noble arte de la ebanistería me tiene loquita. Es entrar en un mundo donde hay otro *tempus*, nada que ver con el horroroso eslogan «rápido y fácil» que parece incrustado a golpe de mazo en el cerebro del personal, sobre todo de los urbanitas, para quienes las cosas son para anteayer. Es en ese *tempus* cuando entiendes la magia de la frase: «Vivir en armonía con el entorno». ¿Qué significa exactamente? Muchas personas comprenderán el significado literal de las palabras, pero ¿y el significado de la frase? ¿Qué significa la palabra «armonía»? ¿A qué entorno se refiere? ¿Al de dentro? ¿Al entorno donde se mueven mis emociones, mis más íntimos deseos y sueños o el entorno físico donde vivo y actúo? Vayamos por partes.

Para poder moverme en armonía con el espacio físico que me rodea primero tengo que estar en armonía con el entorno anímico que genero en mi interior, que se agita en mi subconsciente y en mi consciente, muchas veces en forma de dudas. ¿Qué hago aquí?, ¿me muevo o me quedo quieta?, ¿lo tomo o lo dejo? Os suena, ¿verdad? Esta dicotomía tan cotidiana, esa que siempre acaba en un «¿y tú qué harías?». Mientras nadamos en los mares revueltos de la duda, la armonía no sabe, no contesta. Dicho de otro modo: se va al garete. Y si dentro de nosotros no hay armonía, ¿cómo carajo la vamos a encontrar fuera?

¿Cómo vivir en armonía con el entorno exterior si con el interior ando a la pata coja?

Pues ha sido un trabajo de introspección que llevo años practicando y que el descubrimiento de construir cabañas estilo bushcraft ha puesto de manifiesto. Cada tronco, cada piedra, cada problema resuelto mejor o peor pero resuelto ha sido una prolongación, ergo manifestación de mí misma y un descubrimiento de valores personales y cualidades que no tenía muy bien definidas. La que más me ha sorprendido ha sido mi constancia a prueba de bombas junto con mi terquedad a la hora de conseguir mi sueño: construir una cabaña de madera yo sola, sin luz ni agua en el bosque y donde vivir mis últimos años y morir en ella. Reto conseguido.

Al partir de cero conocimiento y cero práctica para realizar una cabaña de troncos en el bosque, lo primero que constaté fue el principio bushcraftero de adaptarse a las condiciones del entorno utilizando la creatividad para resolver problemas y crear soluciones. Más adelante os contaré la historia de cuando mi amigo Pitu tuvo un accidente. En aquel entonces yo me quedé sin troncos para seguir construyendo la tercera cabaña; pero en vez de deprimirme y quedarme de brazos cruzados esperando un milagro del cielo o del cosmos, lo generé yo misma, yéndome a buscar troncos y árboles caídos por el bosque. Al no tener demasiada idea, construí la cabaña con troncos viejos que al cabo de un año descubrí que tenían carcoma. Ese fue mi primer descubrimiento, después de 365 días, je, je, je. El segundo fue el de mi escasa fuerza física: no tenía masa muscular y cuando me tocó llevar el mortero al tejado tuve que ingeniar una serie de poleas para subir los sacos de cal. Tenía que subir al margen superior del terreno los sacos de arena y cal y descubrí que las poleas que había utilizado para los troncos no servían porque no tenía donde atarlas, así que tuve que agacharme un poco por debajo del nivel del margen y empujar con la cabeza los veinticinco kilos que pesa un saco de cal hidráulica del 3,5. ¡Suerte que tengo buenas cervicales!

Efectivamente, siempre que me he topado y me topo con un problema, como por ejemplo hacer las ventanas, los premarcos de la puerta, utilizar una herramienta antigua, hacer un encaje o usar la motosierra, me encanta el reto de solucionar ese problema que se interpone entre mi sueño y mi sueño, je, je. Y os prometo que siempre siempre encuentro la solución. Muy lista no soy, pero sí muy tozuda, constante y cabezota, y ese par de dones acaba convirtiéndome en lista.

¿Os acordáis del cuento de la liebre y la tortuga? Tengo una versión Yaya Bushcraft. Para los que no conocéis el cuento, deciros que es una fábula donde se pone de manifiesto la constancia. La tortuga es lenta pero constante y la liebre rápida y segura; por su rapidez, menosprecia a la tortuga por ser lenta y la considera tonta y lerda. Pues yo soy esa tortuga, siempre digo que no soy inteligente pero sí tozuda y constante, y esa constancia y tozudez acaba haciendo que parezca lista, je, je. Ahí va un ejemplo de mi Mrs. Bean.

Resulta que hace poco (después de dos años utilizándolos) he descubierto cómo se trabaja con los sargentos (esas tenazas que sirven para taladrar o serrar unos tablones de madera, por ejemplo). Estos tienen una parte que es plana y que sirve para agarrar el tronco o la madera a la mesa (arriba) y otra que sirve para apretar la madera y que no se mueva a fin de poder serrarla bien (abajo). Servidora lo hizo al revés desde el primer día, y claro, costaba mucho que se agarraran fuerte. El día que descubrí la manera correcta de colocar los sargentos, viendo un vídeo en YouTube para hacer una caja y una espiga, casi me caí al suelo del ataque de risa que me entró. Pero ¡qué desastre, ja, ja, ja! Adoro aprender a partir de los errores, y trabajar en armonía con herramientas manuales me descubre la gran paciencia que tengo para poder adentrarme en temas tan alejados de mis conocimientos como construir una cabaña en el bosque. Me encanta salir de mi zona de confort. Y ahí está la relación entre la fábula de la liebre y la tortuga, y servidora. Tengo un buen amigo que sería la liebre, pero nunca termina sus trabajos, los deja a medias, y en la actualidad puedo decir bien alto que ya sé tanto como él. Estoy segura de que a los setenta y cinco sabré igual o más que él. Tiempo al tiempo.

Creo que queda claro que aborrezco lo rápido y fácil, ¿verdad? Pues eso, lo aborrezco. En cambio, el reto que me plantea un nuevo conocimiento no tiene precio, y las herramientas manuales son perfectas para entrar de manera física al mundo de los intangibles: abrir un tronco con cuñas de madera hechas por mí y a golpe de mazo me transporta a un mundo muy especial donde no solo mora el silencio, sino que el tiempo desaparece para entrar en armonía con el concepto *tempus*. El tiempo se puede medir en general y es para todos igual, en cambio el *tempus* de cada uno es suyo e intransferible. Es como entrar en la era de las bujías cuando la electricidad no existía y la mente estaba mucho más serena que en la actualidad. El maldito clic de los interruptores ha desvalorizado el concepto del proceso, el sagrado *momentum* en que para tener luz había que primero encender una cerilla y prender la vela o la lámpara de aceite, y uno se podía deleitar en el sonido casi imperceptible del chisporroteo del aceite, el temblor de la llama de la vela o el chasquido de la cerilla o pedernal. Pero a partir de la aparición de la electricidad todo se reduce a un simple clic y automáticamente tenemos luz o estamos hablando por Zoom con un amigo, familiar o cliente que se halla a miles de kilómetros. He constatado que esa inmediatez anula el proceso y que el cerebro se pone nervioso si no tenemos en el instante aquello que deseamos. Así, adiós a la divina paciencia y bienvenidos estrés y ansiedad. Y ese estrés y ansiedad son la base de una sociedad para mí altamente enferma y desquiciada, desconectada de todo proceso interno y externo, desconectada del proceso que sí ofrecen los trabajos manuales, que sí ofrece la madre naturaleza, el bosque y la práctica sana del bushcraft. Anular al ser humano y convertirlo en un robot es muy fácil: quítale todo contacto con su parte más atávica, la naturaleza, y prohíbe cualquier actividad que lo pueda empoderar en ese entorno, como el hecho de saber hacerse un hábitat como nuestros antepasados, comer lo que pesca o caza o cultiva. Déjalo esclavo de lo fácil y lo rápido para que sea un perfecto sujeto muerto de miedo por el simple hecho de vivir en piloto automático.

Como terapeuta me he encontrado con personas que dicen conducir sin tener conciencia del trayecto recorrido, que a veces se extrañan de no tener sensación alguna del camino realizado hasta llegar, por ejemplo, a su casa o a su oficina. Si te detienes y miras sus ojos, sentirás que una sensación de frío te recorre el cuerpo: has topado con el vacío de esas personas. Y ese vacío es, al menos para mí, lo peor que le puede pasar a un ser humano. Ese vacío es la muerte en vida. Y en ese vacío habita la neurosis, la psicosis, la rabia, el odio, la envidia, la manipulación, el miedo a lo desconocido, el miedo a perder, la falta de seguridad en uno mismo; no confundir con la vanidad, que es una falsa seguridad en uno mismo y, por ende, una gran carencia de amor propio. Amarse es, en mi opinión, el cordón dorado que nos llena de seguridad, de confianza, de aceptación, de energía y de alegría por todo lo que somos y hacemos, y ese buen rollete no solo se contagia, sino que se proyecta en los demás. La constante superación/evolución es para mí el síntoma más claro de una excelente conexión con la armonía que nos regala la madre naturaleza, Gaia, la Pachamama... Y eso es lo que me ha ofrecido desde el primer día este bosquecito de mil metros cuadrados que mi muy querida Farnes, de la que os hablaré más adelante, me ha dejado para desarrollar el reto de construir mis cabañas a los sesenta y ocho años y sin conocimiento alguno.

Esa sensación de estar más viva a los setenta años que cuando tenía cuarenta me la regala cada día el trabajo tanto físico como mental que supone aprender a construir una cabaña de troncos en el bosque, sin luz ni agua y cero comodidades; eso sí, con un lavabo de mil metros cuadrados que ni los reyes tienen. Me emociona tanto que hay días que las lágrimas me asaltan con la simple visión de un cielo azul coloreado por el astro rey, que se cuela por las hayas y robles del bosque derrochando brillantes impagables. Y yo, a través del ojo de mi cámara, contemplo extasiada dicha visión y disfruto compartiéndola en mi Instagram, todos los días que el sol decide sacar a relucir su melena de brillantitos para goce y disfrute de todos los amantes de las pequeñas cosas.

Una nueva identidad que siempre ha estado ahí: el nacimiento de Yaya Bushcraft

Hablar de cabañas es para mí hablar del Oeste americano; hablar de las tardes que pasaba con mi padre viendo pelis de indios y cowboys; hablar de cómo me gustaba hacerme una cabaña debajo de la mesa del comedor; hablar de mis lecturas preferidas sobre la vida en el lejano Oeste. Soñaba que vivía con mi familia en una cabaña de madera en un bosque, rodeada de un río al que mis hermanos iban a pescar; soñaba con los aullidos de los lobos por la noche, mientras mi padre contaba historias al lado del fuego y mi madre preparaba un rico asado; soñaba con el silbido del viento y el ulular del búho; y a veces, sobre todo después de ver una peli de indios, soñaba que la cabaña era atacada por estos y teníamos que salir corriendo mientras mis hermanos y mi padre se liaban a tiros sin parar y me pasaban un Winchester 21 que había aprendido a manejar, y me despertaba sudorosa y con el vello de los brazos erizado —«buf, ha sido un sueño»—, y sigilosamente iba a la habitación de mis padres a ver si todo estaba bien, y entonces volvía a la cama y procuraba dormirme justo en donde recordaba haberme despertado. Ni que decir tiene que jamás conseguí volver a enlazar el sueño.

En este punto quiero hacer un inciso. Como ya he dicho más arriba, los adultos me aburren soberanamente. Pero es que para mí hay una diferencia entre ser mayor o ser adulto. El adulto tiene a su niño pequeño enterrado bajo muchas capas de «tengo que», «hay que hacer esto», «las normas están para cumplirlas»... Hablo de esas personas que menosprecian a los niños con frases como «no seas infantil» solo porque te ha apetecido ponerte a bailar bajo la lluvia, o «Te comportas como un niño pequeño. ¿Quieres hacer el favor de comportarte como un adulto?». Qué horror de gente, qué aburridos, qué pesadez de personal; no sigo, que lleno el libro. Sin embargo, ser mayor para mí significa tener sabiduría. Y ahora viene la pregunta del millón: ¿qué es tener sabiduría? Pues en mi opinión es sentir amor por la vida, por las pequeñas e insignificantes y cotidianas cosas, reírte como un niño, atreverte a perderte en el tiempo sin tiempo sabiendo que existe tu *tempus* y que este es el *tempus* de la propia vida. Eso era y es para mí la palabra «mayor», aunque en mi niñez no lo sabía; *de facto* lo aprehendí (palabra que me encanta) construyendo mi vida.

Así que desde bien peque me ha gustado ser mayor. Recuerdo que mi madre procuraba que saliera con gente de mi edad y yo me aburría soberanamente con ellos. «Mami, las niñas solo saben hablar de muñecas y de tonterías y los niños solo quieren darme besos». Todo esto a mis doce años. ¿Qué hacía entonces? ¿Cómo pasaba el tiempo? Pues leyendo, era una devoradora de libros, a esa edad ya me había leído *La guerra de la Independencia* de los Episodios Nacionales de Benito Pérez Galdós y amenazaba con atacar *Fortunata y Jacinta*, por no hablar de la vida de Billy el Niño que me regaló mi padre para Reyes a los trece años, o las novelas de Zane Grey, cuando ya tenía cerca de quince. Si no tenía un libro a mano y estaba en la montaña, en Sant Quirze de Besora, solía pasar el tiempo ayudando a recoger alfalfa para los conejos de una vecina, ya mayor, que me contaba historias del pueblo de cuando ella era joven. Y claro, mi imaginación volaba y volvían de nuevo las cabañas, esta vez de piedra, con los pastores que llevaban las ovejas a la montaña. Esta mujer, que se llamaba Maria, y mi abuela, la *iaia*, fueron las artífices de lo que con los años fui modelando a través de una vida nada convencional y sí muy ecléctica, bohemia e iconoclasta; ambas a su manera me enseñaron que la vida es como tú quieras vivirla y no como los demás quieran que la vivas; ambas me demostraron que puede una salirse del *establishment*. Y aunque mi abuela solía decir que había que pagar el precio, yo digo que también se paga un precio si haces lo que los demás te dicen, así que yo pago el precio elevado de mi libertad. La señora Maria, ya por aquel entonces —estamos hablando de 1966—, solía decirme que había alcanzado la felicidad relativa, así lo llamaba ella, después de la muerte de su marido; que se habían acabado los «Maria, haz esto», «Maria, tráeme aquello», «Maria, ven para aquí», «Maria, ve para allá». Me decía: «Ahora encierro a los animales cuando yo quiero, como cuando yo quiero, lavo platos cuando yo quiero, me levanto cuando yo quiero, *ai, nena, no saps lo bé que em senta això*», traduzco: «ay, nena, no sabes lo bien que me sienta esto». En realidad, la señora Maria hablaba como mi *iaia*, ambas sabían tanto del valor de la libertad como de la pérdida de ella, y ese mensaje se quedó grabado en tinta roja en mi ávido y curioso cerebro. Y todo eso teniendo en cuenta que, en mi casa, tanto fregaba platos mi padre como mi madre y tanto cocinaba mi padre como mi madre, tal vez porque mi madre era escultora y mi padre artesano. Ambos rezumaban arte y cultura, que fue lo que respiré a lo largo de toda mi infancia y sigo respirando y respiraré hasta mi última exhalación.

Así que en homenaje a estas dos grandes mujeres utilizo el nombre de Yaya, pues me fascina el significado que tiene para mí: es ternura, es experiencia, es sabiduría y, por ende, es vida vivida. ¿Algo más?

Ah, ¿que cuándo adopto el nombre de Yaya? Pues os cuento, no hace mucho, a lo sumo un par de años.

Todo empezó exactamente a finales de mayo de 2022.

Pero antes dejadme que os ponga en situación...

2

UNA VIDA PLENA QUE SIGUE REGALANDO

El día se va levantando poco a poco y, con él, el hambre se abre camino en los diminutos estómagos de las dos niñas. En su afán por recorrer aventuras han olvidado todo: no llevan ni agua, ni comida, ni gorro para guarecerse del sol; nada, tan solo su inmensa curiosidad por los tesoros que van encontrando en una playa sin vestigio alguno de humanidad: ni una sola edificación, ni una sola carretera, nada que indique que el humano habita este insólito y salvaje paraje; solo el cielo azul, el mar, la arena y el infinito de unas pequeñas montañitas de vegetación que se alzan orgullosas contorneando los límites de una inmensa y larga playa. El hambre las acucia y la sed también. Así y todo, las risas cristalinas de las dos crías se entremezclan como campanillas con el suave ronroneo de las olas al desmayarse a sus pies y ellas se regocijan saltando a la comba entre ola y ola. Son felices.

De repente, Josephine exclama:

—¡Mira, Angi, hay un pescador!

A unos doscientos metros un hombre de tamaño corpulento las mira curioso mientras lanza con fuerza al mar un anzuelo. Cuando las niñas llegan a su lado este les suelta:

—Pero ¿qué hacéis aquí solas? ¿Dónde están vuestros padres?

Las dos niñas responden:

—¿Tienes agua?

Mi vida como periodista científica

Siempre he sido muy curiosa, ávida de todo, de aprender de lo bueno y de lo menos bueno. En mis años mozos llegué a pensar que era mala porque siempre hacía cosas y me gustaban cosas que no tocaba que me gustaran; cosas de chicos, impensables para una niña y menos de «casa bien», que se decía por aquellos entonces.

Como he dicho, ya mi madre había demostrado ser «rara» al casarse con un hombre cinco años más joven que ella. Pero es que su hermana, mi tía, tenía una pareja catorce años menor, ¡así que lo de mi madre era *peccata minuta*! Recuerdo a mi madre siempre tirada en el suelo, pintando bien sobre una tela de saco, bien sobre grandes hojas de un papel muy grueso y con acuarelas (su hermano fue un acuarelista muy reconocido en la época de los años setenta, ochenta y noventa, artista asiduo en la galería de Grifé & Escoda de Barcelona y en varias galerías de Nueva York, París, Berlín y Londres (no me preguntéis nombres porque no se los he preguntado a mi prima, su hija).

¿Y qué hay de mi padre? Mi padre fue un artesano industrial del ramo de la joyería, y su hermano, el introductor de los relojes Festina en España. Una de sus hermanas fue la madre de Pepón Corominas, que trabajó con Bigas Luna e introdujo en España Lauren Films. No tengo ningún primo normalito del todo, o son orfebres o son artistas. Incluida mi hija, que es actriz también. ¡Ozú, qué familia!

¿Y cómo iba a ser yo con tanto arte en la familia? Pues rara, pero rara, rara, ¿eh? Tanto que hasta mis padres me consideraban así.

Mi enorme curiosidad me llevó a ejercer el oficio de periodista, pero no de las que escriben sobre la vida de los demás, amores y escándalos, sino a investigar sobre ciencia y tecnología en los ochenta y parte de los noventa. Fui la segunda mujer en España que escribió sobre estos temas después de Malen Ruiz de Elvira, en Madrid. Trabajé para *La Vanguardia*, donde tenía una página sobre ciencia los sábados; *El País*; el grupo VNU (que ya no existe); *El Mundo*, *El Nuevo de la Ciencia y la Técnica* del grupo El nuevo Lunes, en Madrid, creo que en la actualidad no existen más; y *Zéro Un Informatique* y 3E Électronique en París. Mi vida se dividía entre Barcelona, Madrid, París y las diferentes ferias del sector que se hacían en Hannover (Cebit) y Londres, y, cómo no, el famoso SIMO de Madrid, donde un año conseguí una primicia con Telefónica de fondo y sus famosos faxes, que me costó mi primera y única querella criminal contra mi persona y mi diario, aunque tuve la gran suerte de que mi semanario *El Nuevo de la Ciencia y la Técnica* salió en mi defensa y caso resuelto. Recuerdo el fiestorro que se organizó en el SIMO de 1990 (si no me falla la memoria) al tener que editar tres veces el periódico especial del día, cuya portada denunciaba los hechos delictivos de Telefónica con sus faxes. Triunfé como la Coca-Cola.

Otra gran colaboración que recuerdo con mucho cariño fue para la revista *GEO Alemania*, con la gran fotógrafa Cristina García Rodero, muy conocida por sus fotografías costumbristas en blanco y negro sobre la España profunda en sus fiestas y ritos religiosos; la colaboración vino porque *GEO* me encargó un trabajo sobre su libro *La España oculta*, que muestra los ritos tradicionales religiosos de la península. Gracias a esta colaboración, no solo conocí a Cristina, una mujer encantadora y con una fuerza que me impactó, sino que tuve la gran oportunidad de entrevistar al sobrino de mi queridísimo Pío Baroja (Julio Caro Baroja), acusado por las derechas de comunista y por las izquierdas de fascista. Leer *Paradox, Rey* es un acto de reflexión sobre el libre pensamiento descontaminado de ideologías de un lado y de otro y basado en el sentido común, precisamente el menos común de los sentidos desde tiempos inmemoriales. Siempre es más fácil obedecer que dilucidar cuántas gamas de grises hay entre el blanco blanco y el negro negro. Pero eso es otro cantar, y como tal lo dejo para una conversación frente a un fueguito con un buen brandy Cardenal Mendoza.

Esa entrevista fue para mí un salto cuántico a principios de 1900. El piso de don Julio Caro era un mundo muy mágico para mí, con el olor a rancio de los libros con alma acumulada entre sus viejas páginas que no solo contaban historias, sino que formaban parte de un mundo que solo existe en la cabeza de un o una romántica, o con la impresionante vista de hileras e hileras de libros, relojes de cuco que marcaban los cuartos, cortinas rojas de terciopelo que recogían la casa en un preciado silencio encerrado en sí mismo, listo para ser escrito en cuadernillo de pergamino. Me imaginé las noches de aquel ser mágico que había convivido con su tío en ese embriagador despacho de madera de caoba, tapices en las paredes y peculiar olor a tiempo perdido en la noche de los tiempos. ¿Qué conversaciones habrían mantenido ambos, delante de la vieja chimenea con un gran retrato de Pío Baroja encima y un par de candelabros de plata? Allí, frente a mí, estaba don Caro, sentado en un raído sillón de cuero marrón con una pluma en la mano derecha y un manuscrito delante. Parecía que lo estaba corrigiendo. «¿Es un nuevo libro de refranes, don Julio?», le pregunté muy intrigada. Alzó la vista, y sus ojos pequeños escondidos detrás de unos anteojos de fino oro sonrieron cálidamente. No me contestó. Parte de esa conversación salió publicada en la revista *GEO Alemania* donde le entrevisté, como ya he dicho, con la gran fotógrafa Cristina García Rodero. No puedo indicaros ni el número de la revista, porque perdí el ejemplar en uno de mis múltiples traslados. Unos cuantos años más tarde (algo así como veinte), mientras vivía en Berlín, una persona me reconoció y dijo haber leído esa entrevista. Para mi grata sorpresa, sacó de un montón de revistas cuidadosamente calificadas por temporadas el susodicho ejemplar. «Mira por dónde, alguien me leyó», y sonreí tanto por dentro como por fuera.

De mis comienzos también recuerdo la colaboración con un semanario catalán que se llamaba *El Món*, de la mano de un gran periodista que ya no está entre nosotros,

Joan Barril. Por aquellos tiempos era el jefe de redacción de la revista, y uno de los artículos que me encargó iba sobre domótica.

Recientemente sufrimos un gran apagón y el mundo quedó en shock, y precisamente en aquellos años ochenta (creo que lo escribí en el 85) el artículo se mofaba de la domótica porque dependía de la luz. Iba sobre una periodista que tenía toda su casa domotizada (ventanas, riego de las plantas de la terraza, cafetera, puerta de la entrada etc.) y que tiene que llevar su Suzuki al mecánico, pero no puede porque, a medio camino de la redacción, Barcelona sufre un apagón importante que no le permite sacar dinero del cajero, llevar a arreglar la moto o trabajar en la oficina con su PC. Acaba recurriendo a una vieja máquina de escribir, una Olivetti, medio tirada en el almacén de su periódico, y para finalizar, no puede entrar en su casa porque la puerta electrónica no funciona, así que se va a dormir a casa de una amiga analógica. Fue un artículo premonitorio, la cara de Joan cuando lo leyó fue todo un cuadro y un éxito cuando se publicó. Ese artículo me valió que en una rueda de prensa de Epson en el restaurante El Jockey de Madrid me contratara la gente de *El Nuevo de la Ciencia y la Técnica* como su corresponsal en Barcelona.

Diez años estuve yendo y viniendo, diez largos años

trabajando para los medios que he mencionado y como jefa de prensa de Josep Piqué (quien fue ministro de Asuntos Exteriores durante el Gobierno Aznar), en 1987 director general de Indústria del *conseller* de Indústria de la Generalitat Joan Hortalà. También ejercí como jefa de prensa de Anna Maria Birulés cuando era directora general del Cidem y presidenta del Copca, dos organismos del Departament d'Indústria de la Generalitat de Catalunya. Birulés llegó a ministra de Ciencia y Tecnología en la época de Aznar. Combiné todo esto con colaboraciones para el departamento de Prensa de la UPC de Barcelona y el cargo de jefa de redacción de la *Revista de Robótica*, que duró tan solo dos años.

Un buen día toda esta tensión y acumulación de trabajo terminó en una crisis de nervios que me hizo replantearme qué puñetas estaba haciendo y cómo había acabado tan saturada de trabajo y de obligaciones.

¿De verdad esta era la vida que quería? ¿Deseaba vivir con prisas, alejada de lo que amaba (y aún no sabía)? Este tema es muy interesante porque a veces sabemos bien lo que no queremos, pero nos cuesta averiguar qué queremos. Seguro que más de una y uno me entiende: como no tenemos claro qué puñetas andamos buscando, seguimos con esa rutina que nos enferma, nos quita el brillo de los ojos, nos hace estar de mal humor todo el día, nos hace meter caña a nuestros hijos si no funcionan como nuestra locura requiere; en fin, que nos saca lo peor de todas y todos nosotros. Y para no sentir, corremos, corremos y corremos como pollos sin cabeza y con la queja siempre en la boca. Como mucho, los fines de semana nos vamos o al campo o a la playa. Atiborramos nuestras vidas de cosas que nos hagan olvidar que no sabemos qué queremos, aunque ese runrún sea lo mejor que te puede pasar, porque ese runrún es la fuerza de la vida llamando insistentemente a las puertas de tu corazón. Fijo que tarde o temprano acabarás tomando una decisión radical. *Let's get radical*, o eso o la enfermedad, tú eliges, y no hace falta que sea una enfermedad grave, para mí lo más grave es la enfermedad de la disociación con nuestro corazón.

De la urbe al país del yoga

En esas circunstancias entró en mi vida un renombrado fotógrafo de publicidad que aterrizó en mi casa después de dejarlo todo y marcharse a la India, en concreto al ashram de Osho en Poona.

Acabó convenciéndome de hacer lo mismo: dejarlo todo e irme a Poona. Tres meses más tarde, concretamente el 15 de marzo de 1992 (yo tenía treinta y siete años), saturada de todo y sin decir nada a nadie, me largué de Barcelona rumbo a Poona. Unos ocho meses duré en el ashram de Osho, llamado «el ashram de los rebeldes».

Dos cosas me impactaron de esa huida hacia delante, de ese acto desesperado de frenar toda la locura que había montado a mi alrededor sin saber cómo pararla, más perdida que un pulpo en un garaje. La primera fue cuando llegué al ashram con mis carnets de prensa de *La Vanguardia* y *El País*, y constaté que allí no servían para nada: una total y absoluta bofetada de humildad me dejó casi sin aliento. **Allí no era la temida periodista de lengua viperina que cuadraba a todo quisqui** —directores, presidentes de empresas, políticos— porque tenía que entregar en redacción el artículo y no estaba para comidas ni tonterías varias que se organizaban después de una rueda de prensa. Y la segunda bofetada fue cuando me expulsaron del ashram de los rebeldes, por rebelde. No podía creer lo que estaba viviendo: menudo zasca. ¿Los rebeldes y antisistema me expulsan por... ser rebelde y antisistema?

La verdad es que fue por protestar ante un acto que consideré altamente injusto y nada profesional. Los rebeldes no lograron domesticar mi rebeldía, y... al quedarme sin dinero, tuve que volver a Barcelona. Y fue entonces cuando empezó el gran cambio que rompió con todo un sistema y me hizo salir de mi zona de confort, donde cuando abría la boca y enseñaba mi carnet de prensa en España, todo quisqui me escuchaba. Pero en la India eso no sucedía. Baño de humildad por todos los lados, por arriba, por abajo, por delante y por detrás. Esto último ruego que se entienda bien.

Esos meses en la India, en Poona, marcaron en mi vida un antes y un después. Allí viví situaciones que me hicieron entender el valor de las pequeñas cosas, como disponer de agua corriente, disfrutar de tres comidas al día, tener un sitio donde dormir, contar con sábanas limpias; todo eso que tenemos en Occidente y que solo se valora cuando se pierde, cosas tan sencillas que ni les damos bola en nuestro día a día porque nos parece que es de cajón que las tengamos. Y no es así, lo descubrí en la India. Si me preguntas si repetiría esa experiencia, te diría que no, pero la tuve que vivir para valorar todo lo que tenía y de lo que no era consciente. La vuelta a casa significó terminar mi etapa de periodista científica ganando mucho dinero, quedarme sin mi piso de cien metros cuadrados en la calle Bailén de Barcelona por no poder pagar el alquiler e ir a vivir a un sótano que me dejaron en Sant Pere de Ribes, un pueblecito de no más de trescientos habitantes por aquel entonces, con una bomba de agua que se disparaba cada vez que algún vecino (suerte que eran solo dos) abría un grifo. Recuerdo que hubo un par de ¿amistades? que cuando me quedé en total ruina dejaron de hablarme, seguramente por miedo a que les pidiera ayuda.

De esos tiempos revueltos, pero altamente enriquecedores para mi desarrollo personal, recuerdo vívidamente dos actos que me marcaron mucho. El primero es que a los pocos días de llegar a Barcelona trabajé de mujer de la limpieza en casa de unos conocidos; me encantaba limpiar porque no tenía que demostrar nada a nadie, éramos solo el suelo y yo, la ropa que planchaba y yo, la cocina que limpiaba y yo, el baño y yo; y eso, que puede parecer supertonto, para mí fue un total regalo de paz y descanso mental. El otro acto fue la primera vez que me atreví a pedir a un compañero de ashram si podía pasar la noche en su casa porque no tenía dónde ir a dormir y me dijo que NO. Ahí fue como aprendí que **aceptar el no de otro te valida para que tú también puedas decir no,** y que si aceptamos los noes ajenos podemos aceptar los síes ajenos y propios. Gran lección, gran aprendizaje que a lo largo de estos últimos treinta y tres años me ha permitido aceptar muchas situaciones que antes no hubiera aceptado y responsabilizarme de ellas. Por suerte, esa noche acabé durmiendo en casa de un ex. Los dioses no me abandonaron del todo.

Qué ocurre cuando sientes que querer es poder

A la vuelta de mi periplo por la India descubrí algo muy importante y básico para empezar a aclarar qué era lo que quería hacer con mi vida. Averigüé qué era lo que NO quería seguir experimentando, lo que no quería seguir viviendo a pesar de ganarme muy bien la vida como freelance (jamás quise trabajar fija para un periódico concreto, eso me sonaba a cárcel perpetua) y de tener reconocimiento social en el entorno reducido del periodismo científico en España —otra cosa era Francia y Alemania en los años ochenta y noventa—. Creo firmemente que ese viaje fue el punto de no retorno, ese que las personas que estamos comprometidas con nuestra evolución personal, es decir, con nuestro viaje al fondo de nuestra sombra o lado oscuro, lucimos por bandera, una bandera inquebrantable a pesar de que la mayoría de las veces ni siquiera sabemos que la lucimos. Estoy convencida de que detrás de cada duda, bajada a los infiernos personales, batalla en campo propio, síes pero noes, llantos sin fin, ansiedad distraída con intentos de despiste, hay búsquedas inconscientes del camino hacia nosotras mismas. Cierto es que muchos se pierden por el camino, otros se dan de baja o tiran la toalla y aceptan pulpo como animal de compañía, pero unos cuantos llegamos a poder ver nuestra alma proyectada en otro humano, y hay momentos en que podemos verla y sentirla en el movimiento rítmico y armonioso de las hojas mecidas por el viento en una tarde de otoño o simplemente en el leve susurro de una sílaba lanzada al aire por alguien cercano a nosotros. Veo, siento y percibo tanta magia en la vida que empiezo a sospechar que lo que socialmente entendemos por vida va más allá de ese concepto occidental. Y lo he empezado a sospechar a partir de mis vivencias cotidianas en la cabaña, con el acto de ir a recoger piedras, de ir a por tronquitos, de oler la madera después de quitarle la corteza, de hundir mis dedos en la tierra, de sentir en la piel la humedad del rocío o el chaparrón de tormenta de verano mientras trabajo. Escondida entre los pliegues de actos tan simples como los que acabo de describir habita la consciencia de quién soy, y es tan ancestral como el planeta Tierra: soy VIDA en movimiento. Y aquí me detengo para puntualizar algo que me está aportando el trabajo diario de aprender y comprender quién soy yo más allá de mi propio ego, gracias a la cabaña. La vida tiene dos ángulos de 90 grados: uno es la vida egoica de cada persona y el otro es la persona que va más allá de su pequeño y estrecho mundo egoico. En el primer caso nos encontramos con que el movimiento de nuestras acciones lleva a aciertos y errores, a dudas y dogmas, a miedos y huidas hacia delante; a un sinfín de emociones que nos dejan en los mundos de Yupi (como se decía cuando yo era más joven). Dichas emociones pueden hacernos crecer, decrecer o simplemente dejarnos en modo «la culpa es de...» (añada lo que usted quiera). En una palabra: nos invalidan para llevar a cabo nuestros proyectos más íntimos, aquellos en los que prima el corazón pero que la razón acalla. La razón, o la llamada realidad, eso lo dejo para otro día, pero os hago spoiler: tanto la razón como la realidad son subjetivas y lo que para unos es realidad para otros es limitación, y lo que para unos es razón para otros es todo lo contrario. Parece ser que en los últimos tiempos la diversidad de opiniones y creencias se está monopolizando en una sola dirección: es el silencio de los corderos, aunque si me preguntas directamente te diré que se trata de la lobotomía de una gran parte del personal o la robotización de un buen número de seres humanos. ¿Curiosa, no, la contradicción? Robotización versus humanos. Bueno, a lo que iba, el mundo egoico es el gran impedimento con el que tenemos que lidiar los que no compramos el boleto entero de A o de B, por la sencilla razón de que cuestionamos todo sin saber pero sabiendo que algo rechina muy fuerte por dentro. En ese rechinar de dientes internos está la solución a toda pregunta, a toda duda, a toda inseguridad, a todo miedo, a todo complejo de inferioridad o de superioridad (es lo mismo), a toda emoción que nos invalide. En la antigua Grecia, en el templo de Delfos, estaba inscrita la frase «conócete a ti mismo», que viene a ser lo mismo que conocer a los demás. En cuanto aceptamos que lo mismo podemos ser ángeles que demonios, simpáticos que antipáticos, dulces que agrios, valientes que cobardes, generosos que egoístas, en ese momento aceptamos la sombra de cualquier virtud que nos enorgullece, y saltamos al segundo *round*.

La persona que va más allá de su pequeño y estrecho mundo egoico

Es justo en ese plano donde encontramos la coherencia con lo que sí somos, y es justo en ese plano donde sabemos que es preferible la paz a la llamada felicidad. Y ahora de nuevo la preguntita de marras: ¿qué es lo que sí somos? En mi opinión, somos ego y energía, y cuando aceptamos nuestra sombra egoica podemos empezar a vivir en paz y armonía la energía que somos. Es ahí cuando siento, percibo e intuyo lo que os comentaba al principio de esta reflexión: siento tanta magia en lo que llamamos vida que empiezo a sospechar que lo que socialmente entendemos por vida va más allá de ese concepto occidental. La cultura occidental valora mucho la vida a partir de lo material, particularmente recuerdo ese refrán que dice «tanto tienes, tanto vales», que en los años ochenta y noventa estaba en boca de casi todos. En la India el valor de las cosas iba por otra dirección: se me quedó grabado en la retina cómo las personas con las que me cruzaba te sonreían por el simple hecho de sonreír. Como vivía en las afueras de un pequeño pueblecito, la gente con la que me cruzaba era en su mayoría paria, la casta más baja, los extremadamente pobres, y sin embargo sonreían. A la vuelta de la India y ya en mi ciudad, me chocaba ver a personas atareadas en el metro o bus que iban a trabajar, que tenían un sueldo, una casa donde vivir, disfrutaban de agua corriente y de luz eléctrica y alimentos refrigerados, iban de vacaciones, bien vestidos, comían tres veces al día y a pesar de ello no sonreían; de hecho, si los observabas un rato te lanzaban miradas cargadas de miedo. Hablo de 1992. Ahora desconozco cómo debe de ser la gran ciudad, pues servidora, desde la famosa plandemia, no ha vuelto a poner los pies en su ciudad natal.

La primera escuela de reeducación postural y respiración

En la India conocí a Indra Devi, la gran dama del hatha yoga, que por entonces tenía cerca de ochenta años. De sus charlas me llamó poderosamente la atención el gran tema de la respiración. ¿De dónde sacaba esa mujer la vitalidad, agilidad y flexibilidad que lucía tanto en su cuerpo como en su enorme sabiduría? De la respiración.

Años después de mi retorno a España me detectaron un grave problema con la fibromialgia. Recuerdo claramente que el doctor me dijo que tenía que operarme o acabaría en una silla de ruedas. Todavía me río. Fue entonces cuando empecé a poner en práctica diaria y continua todo lo que aprendí en Poona de la mano de Devi. Recuerdo que me pasaba horas y horas practicando la postura del loto y ejercicios de respiración. Fue entonces cuando me percaté de que al sentarme en una silla el movimiento de mi diafragma quedaba encorsetado y, por ende, mis respiraciones eran mucho más cortas que cuando estaba sentada en la postura del loto. Y ahí entendí que dicha postura hace un ángulo de 90 grados entre espalda y cadera. Así que me puse a practicar: empecé a sentarme sin apoyar la espalda en el respaldo de la silla y sintiendo el peso de mi cuerpo en los isquiones. Descubrí que apoyaba más en el lado izquierdo que en el derecho, seguramente debido a mi escoliosis. Con la práctica constaté que el inicial desnivel de mi cadera y el apoyarme en el lado izquierdo iban cambiando poco a poco, y cuál fue mi sorpresa al darme cuenta de que mis emociones también estaban transformándose: me sentía menos rabiosa y con más energía, así que decidí integrar en mi vida cotidiana dicha práctica. Al cabo de aproximadamente cuatro meses volví al doctor y este no podía creer el cambio que se había operado en mí. Su frase «No sé lo que estás haciendo, pero sigue» fue la base que sostuvo mi pequeña investigación sobre la relación entre emociones, postura corporal, diafragma y respiración.

Al final del capítulo os dejo un par de enlaces para que ampliéis información sobre este interesante tema. Hace ya un par de años la facultad de Biomedicina de Sevilla y el CSIC (Consejo Superior de Investigaciones Científicas de España) demostraron que se puede revertir el alzhéimer a través de una buena oxigenación celular (ya el fisiólogo alemán Otto Heinrich Warburg recibió en 1931 el Premio Nobel en Medicina por demostrar la intensa relación que hay entre oxígeno y cáncer).

Queda claro pues que en el planeta azul en el que vivimos oxigenarnos bien es la madre del cordero, y evidentemente la influencia del oxígeno en nuestro nivel de energía y concentración está muy clara, dado que sin oxígeno, no hay vida.

Al descubrir el potencial de las prácticas que estaba realizando sobre mi cuerpo empecé a maquinar cómo hacer llegar dicho enfoque de vida a la población en general. Así, en el año 2009 fundé Natura Respira: Escola

Europea de Respiració. Volví a adelantarme a los tiempos, pues recuerdo que en una sesión de asesoramiento de un gran ayuntamiento la mujer que me asesoraba decidió hacer una miniencuesta para ver cuántas personas estarían interesadas en dicho servicio. Se pasó el cuestionario a ochenta emprendedores que aglutinaba el organismo en aquellos años y de ellos tan solo una persona dijo estar interesada, el resto me dijeron de todo menos bonita. La asesora concluyó que era una mala idea. Supongo que a estas alturas del libro ya os habréis dado cuenta de que decirme que era mala idea fue justo lo que necesitaba para llevarlo a cabo, y así nació el proyecto. La primera charla que di sobre el tema fue en el paraninfo de la Escuela Universitaria de la Salud y el Deporte (EUSES) de Girona. Resultó todo un éxito, tanto que en el año 2011 salió a la luz mi libro *Dime cómo respiras y te diré cómo vives*, pensado como apoyo para mis alumnos, pues hablaba de la anatomía de la respiración, es decir, la postura de 90 grados para proteger el diafragma y poder inhalar y exhalar profundamente. Tuve la gran suerte de contar con el apoyo y asesoramiento médico del doctor Enric Freixa Oliveda, uno de los fundadores de Médicos Sin Fronteras y con un currículum impecable.

A los sesenta y ocho descubro el bushcraft

Fueron pasando los días, las noches, las risas, los desencantos, los sinsabores, las lágrimas amargas cuando algo no salía como mi ego tenía planeado, los amigos, los conocidos, los alumnos, los proyectos (que casi nunca acababan de salir del todo). Con la perspectiva de los años veo y reconozco que siempre, siempre, siempre —aunque escondida en el rincón del alma que todos tenemos y que nadie nos enseña a llegar hasta él salvo una misma y su tozudez por averiguar— salía mi guerrera, y aun con el miedo incrustado en mis huesos presentaba batalla. Reflexionando sobre este tema y gracias a la cabaña, aquí adelanto información, tengo que decir que, **gracias a esa enorme energía, tozudez y cabezonería, gracias a esa guerrera, he hecho todo lo que he hecho.** Curiosamente, creo que si no nos rendimos, nos podemos dar cuenta de que todas las cosas de las que nos sentimos como avergonzados son en realidad nuestras fortalezas desde que nacemos. Me explico: nacemos libres —servidora un poco salvaje—, curiosos, todo lo queremos saber, observamos todo lo observable y más, metemos los dedos en todas partes y nos llevamos a la boca lo primero que pillamos, nos encanta experimentar. Pero enseguida topamos con los «esto no se dice», «aquello no se hace» y lo de «más allá no se toca», y poco a poco se va apagando nuestro niño interno, muerto de miedo ante los posibles castigos. ¿Y qué es lo que aprendemos? Que nuestra curiosidad innata, nuestra sed de aprendizaje innata, nuestras ganas de experimentar y descubrir innatas, son malas y son punibles. Y crecemos divididos entre lo que sí somos y lo que deberíamos ser. ¿Te suena?

Ahora pasemos a cómo a mis sesenta y ocho abriles descubrí el bushcraft y comenzó la aventura en la que todo lo anteriormente vivido empezó a servirme.

Hace unos seis años descubrí un evento muy especial en Sant Miquel de Campmajor, cerca de Banyoles, que aglutinaba a todos los frikis del mundo del Overland, viajeros del mundo a pie, en bicicleta, en furgonetas camperizadas, altamente bien orquestado por Mario Vives, fundador de Fang Aventura, una empresa especializada en aventuras en el bosque y madre de la famosa Meeting_Camper, que lleva a sus espaldas doce ediciones, pionera en todo el Estado español y seguramente del extranjero. Mario, al que conocía de varios eventos en Girona, me invitó a visitar las instalaciones de la Meeting y para allá que fui.

El ambientillo de Land Rovers, de Defenders, de gente, de camaradería que se respiraba y el nivel de las charlas de los viajeros por el mundo que contaban sus aventuras me atrapó de tal forma que empecé a buscar información sobre el mundillo del Off-Road y el Overland. Y una cosa te lleva a la otra, esa es para mí la magia de YouTube. Recuerdo que apareció en pantalla un vídeo de una mujer que fue una total inspiración para mí: Ani4x4. Ella mostraba cómo iba al bosque con sus hijos y aconsejaba sobre herramientas manuales. Mi primera sierra fue una Svenson que mostraba ella en un vídeo, y me ha acompañado y me acompaña todavía en mis salidas al monte. Adoro irme lo más lejos posible, donde no llegue la cobertura de internet, y una vez allí disfruto como una loca del paisaje. Tengo un sitio, cerca de donde vivo, en el que desayuno, almuerzo y ceno con Girona a mis pies. No os cuento lo que es ver salir la luna desde mi tienda de campaña encima del techo del coche o ver salir el sol, pues el lugar está orientado al sur. Me llevo mi neverita pequeña, mesita, silla, prismáticos para otear, ducha portátil y bidón con agua para dos días. Tengo varios vídeos en mi canal de YouTube que muestran mis escapadas *off-road* (fuera de camino).

La pregunta que siempre afronto es: «¿Y no tienes miedo de irte sola por ahí?, ¿y si te sale un oso?, ¿o un animal?». **Animales hay más en el pueblo y en las ciudades que en el bosque**, y me da más miedo ir a Barcelona que perderme por estas maravillosas montañas, que empiezo a conocer bastante bien. El contacto con la parte más atávica del humano con casi cero comodidades (una cervecita fresca o un buen riberita o un verdejito es el único lujo extra que disfruto aquí arriba en mis montañas) me da vida, me hace sentir que menos siempre es más. En el silencio de la montaña tengo plena consciencia de que nací libre y libre quiero morir. Y tener que mear o cagar (tal cual suena) en la tierra os juro que, para mí, no tiene precio. En la India aprendí que el papel higiénico solo trae problemas, ellos se lavan con la mano izquierda («la impura» la llaman) con tan solo agua; esa zona tan delicada lo agradece, dado que el papel puede ocasionar problemas como las hemorroides. Llevo conmigo una pequeña azada/pala y hago un pequeño agujero, tapo con tierra y listo. Acto seguido, una buena duchita, mis ejercicios mañaneros, limpiar bien mi tienda de campaña y lista para desayunar con Girona a mis pies. Dios, **esto sí es vida**, vida que no cambio ni loca por el mejor hotel del mundo ni por el mejor restaurante. Nada más que mis montañas y a caminar, **sintiendo el inmenso honor de mezclarme con el olor de la resina, con el sonido de la tierra al pisarla, con el canto de los pájaros y con el inmenso infinito de mis montañas: una vez fui montaña y desde entonces adoro hacer cabañas en el bosque.** Solo los que lo han experimentado saben de la fuerza de la madre tierra, saben y reconocen el poder que da sentir que la vida circula por tus venas, sentir el beso del viento en la cara y en los brazos; en una palabra, sentir que estás viva, sentir que vives la vida. Esa es la única terapia, a mi entender, que al humano le hace falta para conectarse a la vida, que es lo mismo que estar conectado a una misma.

Es de esa conexión de donde nace la seguridad en una misma, la grandeza del corazón, el espíritu rebelde, el orgullo de ser mujer. Mi vida no depende de nadie ni de nada, solo de mí misma, de mi coraje para vivirla, de darme cuenta de que no hay mal que por bien no venga, de mi apertura mental para transformar lo negativo en positivo, en una palabra: depende de mi capacidad para aceptar la vida incluso en su máxima crudeza.

Os aseguro que cuanto más duras han sido mis caídas, más reforzada he salido de ellas. A mis alumnos siempre les he dicho que, para verle la cara a Dios, primero te tienes que follar al diablo (repito: no hay mal que por bien no venga). Es la ley de los opuestos de mi querido Heráclito de Éfeso.

3

BUSHCRAFT EN ESTADO PURO

El pescador saca de su viejo zurrón un poco de pan, queso y una botella de agua. Comparte con las niñas su frugal comida y, curioso, vuelve a preguntar:

–Pero ¿dónde están vuestros padres?

Angi responde rápido con la boca llena de queso:

–En casa, nosotras hemos venido a descubrir el mundo, –dice con aire pomposo, y acto seguido añade ufanamente–: Mira todos los tesoros que ya hemos encontrado.

El hombre sonríe divertido y les pregunta:

–¿Sabéis volver a casa? Son casi las tres de la tarde y estáis muy lejos del pueblo, se os hará de noche.

En vez de mostrar preocupación, ambas niñas se encogen de hombros y Josephine, mientras señala con su dedito el horizonte, espeta:

–Ya, pero ¿sabes dónde termina la playa? ¿Qué hay más allá?

El pescador responde con tono de preocupación:

–Allí está la roca foradada y más allá un pueblito que se llama Altafulla, pero no pretenderéis ir hasta allá, ¿verdad?

–Nooo –dicen al unísono Josephine y Angi.

Antes de que el hombre pueda volver a preguntar, Angi exclama:

–¿De dónde salen tantas ramas y árboles?

El pescador responde...

Una nueva pasión

No puedo deciros si fue el encuentro de Ani4x4. Si fueron los veranos en el campo. Si fue la temporada en la India, alejada de toda comodidad occidental. Si fueron mis acampadas nocturnas y diurnas en lo alto de la montaña y con Girona a mis pies y las estrellas como único techo. Lo único que sé es que un buen día, tras el evento de la Meeting Camper, empecé a ver vídeos de bushcraft en YouTube. Y que de pronto, sin saber muy bien cómo, un nuevo objetivo se abrió paso y se instaló en mi cabeza: yo también quería hacer eso.

Yo quería una cabaña en mitad de la naturaleza.

Y quería morirme en ella cuando llegara el momento.

Incluso he fotografiado fotograma a fotograma vídeos de dos horas, con el único fin de entender qué estaban haciendo y cómo construían y hacían los ángulos de las esquinas, los encajes para que los troncos no se movieran, etc., etc., etc. Así descubrí cómo curar los troncos al fuego, cómo cortarlos, cómo quitarles la corteza. La mayoría de los vídeos son de hombres jóvenes, muchos con amplios conocimientos de ebanistería que lo hacen a las mil maravillas, y solo tres son mujeres, jóvenes también. Muchos meses visionando vídeos de bushcraft, más bien devorándolos. Empecé a buscar escuelas de bushcraft para poder aprender a hacer esos maravillosos encajes en los troncos que luego harán que se ensamblen a la perfección unos con otros. Nada, no encuentro nada y me lanzo a la aventura de aprender por mí misma.

En los vídeos ellos manejan troncos de unos treinta centímetros de diámetro encajados unos con otros hasta formar las paredes o el tejado de las cabañas; son enormes, pero la pasión es ciega, nunca mejor dicho, y yo lo que veo es que a los youtubers les resulta relativamente fácil, así que yo también podré hacerlo. Y un buen día compro la Svenson y cuando me llega, la meto en mi mochila y a practicar.

A partir de ahí me queda claro que el siguiente paso es encontrar el lugar, por lo que empiezo a buscar un espacio en el bosque para poder llevar a cabo mis aprendizajes, pues no encuentro escuela alguna que se dedique a enseñar cómo se hacen cabañas bushcraft en España, ni fuera tampoco. Empieza el peregrinaje en busca de un espacio, y lo encuentro.

Y como si toda la vida lo hubiera hecho, me lanzo a cortar tronquitos para la base de mi primera cabaña.

Era octubre de 2023, el otoño estaba en su máximo esplendor y por fin había logrado poner el techo de la cabaña después de varios días de peregrinaje en busca de troncos. En uno de esos peregrinajes encontré unos tronquitos que medían unos 2,30 metros, llené el coche contenta por el hallazgo y, cuando cerré la puerta trasera, oí un ligero crac, crac. Al sentarme al volante observé una grieta en el cristal delantero, pero sin más arranqué y me dirigí hacia el lugar donde estaba la cabaña. «Bueno, mañana llamo al seguro y listo». Comencé a descargar mi preciada carga de ramas gruesas de castaño, roble y alguna encina. Estaban viejos y algunos con moho, pero me parecieron todos iguales y con un objetivo que cumplir: iban a cubrir la cabaña.

Empecé a practicar abriendo los troncos por la mitad e intentando hacer encajes, que no conseguí al principio; más tarde, decidí hacer un canalillo en el suelo con el fin de enterrar los troncos que delimitan el espacio y sirven de base. Una vez hecho este primer paso y después de un par de días partiendo con el hacha los tronquitos por la mitad y haciendo unos rudimentarios encajes, que se parecen más a rudimentarios que a encajes, la cosa empieza a tomar forma cuadrada, y delante de mí lucen orgullosos como caballeros sin armadura —o con armadura maltrecha— los primeros tronquitos, que seguidos de otros más gruesos van conformando el techo de la cabaña... hasta que de pronto esta cede, se cae casi casi encima de mí y descubro el motivo: los troncos de la base son muy delgaditos y enclenques y los del techo son grandotes. Vaya, primer tropiezo, con lo fácil que se ve en los vídeos de YouTube... Me siento en el suelo y reflexiono sobre la gran cagada que acabo de hacer. Creo que fue justo en ese momento cuando se me ocurrió llamarme Mrs. Bean, mi antiheroína preferida, la que mete la pata cada dos por tres, pero en mi caso (si bien el carismático personaje televisivo no tenía la misma capacidad), con cada metedura de pata sale con un nuevo aprendizaje.

A pesar de todo, ese no fue el principal obstáculo al que me enfrenté. Atentos.

Okupa por sorpresa

A los diez minutos de estar sentada en el suelo, con una clarita (cerveza con limón) en las manos bien fresquita y riéndome de mí misma por mi torpeza, sonó el teléfono y al otro lado una voz áspera, ruda y muy antipática me espetó a bocajarro:

—¿Eres Yaya Bushcraft?

—Sí —respondo perpleja.

—Estás en mi terreno y quiero que salgas ahora mismo —me dice muy enfadado.

Me sale una risotada entre nerviosa y jocosa y contesto:

—Tranquilo, la cabaña se me acaba de caer, así que *don't worry be happy*.

El magnate del lugar, muy ofendido él, me cuelga el teléfono. Muchos estaréis pensando que debería haber solicitado primero permiso, y así lo hice. La persona a la que le pregunté si podía hacer en aquel lugar unas pruebas para aprender a hacer una cabaña me contestó que sin ningún problema, que el dueño era una persona muy amable que a él siempre le dejaba ir a por leña. Era ni más ni menos que el anterior alcalde del pueblo, no os vayáis a pensar que se lo pregunté al primero que encontré. Lección aprendida: si quieres hacer algo no preguntes ni siquiera a un exalcalde, vete directo al propietario; si puedes encontrarlo, claro, porque muchas veces en los pueblos pequeños ni ellos mismos saben qué es de quién, muchos espacios no están escriturados, han pasado de generación en generación vía oral y es un follón terrible dar con los verdaderos propietarios, pero igual ve con cuidado porque tú eres un foráneo. Hacer cabañas en el bosque requiere no tan solo conocimientos del bosque, de las herramientas, de la madera que vas a usar, del propio lugar, del tipo de tierra que pisas, sino de la permisión de los lugareños, del ayuntamiento, si es rural y si tienes pensado desarrollar un proyecto de silvicultura o permacultura. Con el tiempo no es que sea una experta, pero he aprendido muchas cosas al respecto, en mi caso estoy tranquila, pues en la actualidad tengo un contrato con la propietaria.

Estoy lejos de amedrentarme por el fracaso de la cabaña y la despedida nada amigable del propietario de la tierra para que deje un sitio que solo se ha utilizado para cortar árboles —dejando el espacio hecho unos zorros. Está comprobado que esa es la base de la mayoría de los incendios en los bosques, dado que antaño la gente iba a recoger los restos de podas para encender el fuego y así se mantenía el bosque limpio, y en la actualidad ya nadie va a recoger leña al bosque y estos permanecen en su mayoría abandonados—. Me promulgo totalmente en contra de tanta *burrocracia* absurda, creada por *burrócratas* de corbata que jamás en su puñetera vida han pisado ni un bosque ni el campo y sin embargo se permiten diseñar leyes que a la vista está de los últimos incendios en la zona de León, Galicia, Extremadura, solo sirven para alimentar fuegos, provocados en su mayoría. ¿Y para qué? Pues lo último que se sabe es que la Junta de Castilla y León ha dado su visto bueno ambiental a extraer 342.000 toneladas de cuarcita en Oencia, territorio incendiado.

Empiezo a entender el porqué de estas absurdas leyes que no permiten recoger ramas caídas del bosque ni llevar a pastorear animales en según qué zonas. El bosque lo están dejando morir, no solo porque las gentes de campo emigran a las ciudades o simplemente ya no viven del bosque, sino porque estas leyes absurdas prohíben el cuidado del bosque. Hay mucho tema detrás de todo esto, pero para sintetizar y no meterme en jardines, simplemente diré: dejadlo en manos de los expertos —la gente que vive en el campo y para el campo, que todavía quedan algunos—, que sean ellos los encargados de desarrollar programas idóneos para su cuidado. Impedid que encorbatados de ciudad sean los que dicten leyes que arruinan el sector primario. Hay que recordar que la gente de ciudad sobrevive porque hay personas que se dedican a cultivar el campo y a cuidar del ganado, que trabajan de sol a sol y no en un despacho con una hora para desayunar. La gente de campo vive y se desvive por el bosque y por el campo, y no lechuguinos que lo máximo que saben del campo lo han leído por ahí o simplemente han obedecido a otros lechuguinos que tienen intereses económicos en arruinar al sector primario.

Dicho esto y aclarado mi pensamiento con estos temas que me afectan tanto a nivel anímico como ideológico (valores, principios y respetos), lejos de tirar la toalla empecé a maquinar lugares lejos del pueblo para poder seguir practicando. Por primera vez pude vislumbrar la fuerza de mi pasión por el bushcraft.

Al mes encontré un lugar perdido en la montaña donde seguir con mi aprendizaje. Allí construí mi segunda cabaña aprovechando un árbol caído rodeado de maleza. Ni que decir tiene que acabé llena de arañazos, creo que hasta en las pestañas, pero para mí eran como heridas de guerrera; ni me enteraba hasta que llegaba reventada a casa y empezaba a ver las múltiples heriditas que lucía todo mi cuerpo. Y seguro que más de una o uno se preguntará: pero ¿esta mujer es de campo? NOUPS, soy de ciudad, pero tal y como os he contado al principio del libro, pasé muchos años de mi niñez veraneando unos meses en un pueblito de alta montaña y los otros en la playa. Recuerdo que en casa llegaron a alargar la temporada que pasábamos en montaña porque allí comía mucho más y estaba más tranquilita (¿os acordáis de cómo ayudaba en las tareas de campo a una señora mayor, la Maria?), de esas épocas nace mi pasión por todo lo relacionado con el mundo rural y además (para más inri) de mi época de boy scout en mi ciudad natal. Bueno, pues como os iba contando, con mi hoz recién comprada (primera vez que utilizaba una) retiré a mano toda la maleza. Dos días me llevó esa tarea, otros cuatro aplanar el terreno y unas cuantas semanas tener los troncos limpios de corteza y listos para ponerlos perpendicular al eje mayor que se apoya en el terraplén de arriba. Entretanto descubrí que con arcilla, tierra y paja se juntan los troncos, así que bajaba al río para cargar botellas de agua e iba a sesenta kilómetros de distancia a por el precioso material de la arcilla, que descubro en YouTube y que me fascina también por lo dúctil de su manejo.

La segunda cabaña fue un antes y un después. Ya no eran unos cuantos troncos unos sobre otros y un espacio vacío. Fue cuando aprendí a construir mi primera escalera con troncos, hice mi primer intento de chimenea al aire libre para preparar la comida y los tés o el cortadito y mi primera cama. No era nada sencillo, pero lejos de amedrentarme cada vez me sentía más fuerte, más ágil, más segura de lo que hacía y más en contacto conmigo misma, como si con cada contratiempo, dificultad u obstáculo, mi tozudez para conseguir lo que busco se reforzara. Y como desconozco todo del mundo de la construcción empiezo a sentir que soy torpe, pero en vez de paralizarme, me entra la risa y acepto que soy la perfecta antiheroína o Mrs. Bean. Descubro mi capacidad de trasmutar la vergüenza de no saber por un homenaje a todas las personas que, por el simple hecho de equivocarse, tienden a sentir que son menos que los demás. Si este es tu caso te reto a que te rías y humanices tus errores. Nadie nace sabiendo, así que el tonto del culo que se ría de tus errores es eso, un tonto del culo que se avergüenza de sí mismo y por ende hace lo mismo con los demás. Lo malo de equivocarse no es equivocarse, sino sentir vergüenza por ello, dado que esa vergüenza anula el hecho de aprender. Meter la pata cuando se está aprendiendo es lo más normal del mundo; si lo aceptas, te das la oportunidad de aprender, y si te das la oportunidad de aprender harás lo mismo con otro. Lo que pensamos de nosotros mismos es justo lo que proyectamos en el otro. *Capisci?* Lo dicho, todo lo que veo en los vídeos de bushcraft de YouTube lo pongo en marcha. Y es que, gente, no hace falta tener una cátedra para saber de algo, lo que hace falta son ganas de hacerlo, atreverse. Ya lo dicen los yanquis: *Don't think, just do it.* Creo que por algún sitio ya he hablado de esto, antes en el Medievo no había universidades para aprender oficios como el de construir catedrales, que por cierto ninguna ninguna está hecha por un arquitecto, pero sí, por el maestro de obras o albañiles mayores.

¿Cómo aprendían los maestros de obras o albañiles mayores de las catedrales medievales? Pues trabajando desde jóvenes como aprendices, algo que ya no existe. Recuerdo que mi hermano estuvo mucho tiempo trabajando de aprendiz en el taller de mi padre, barriendo el suelo, yendo a buscar el agua a la fuente, limpiando las herramientas del capataz mayor, yendo a comprarle sus cigarrillos marca Lucky Strike o a por café con leche; haciendo trabajo pesado que a nadie gustaba, pero que era la base para ir viendo cómo trabajaban los maestros poco a poco, algo que también se ha ido perdiendo entre las prisas locas de un estilo de vida que produce estrés, cuadros de ansiedad y malestar en general. Un sistema de vida que nos desconecta de nosotros mismos, de nuestra verdadera esencia y que está conformando una sociedad enferma de amargura, donde la amabilidad, el respeto, el cariño por el trabajo bien hecho, la pasión por vivir, por descubrir, por aprender y por poner en práctica lo aprendido están quedando reducidos a algunos bichos raros como servidora, aunque claro, servidora lo ejercita porque fue criada y educada en esos valores.

Así que fiel al principio *Don't think, just do it* paso a contaros cómo realicé mi primera escalera y mi primera cama con troncos. De todas formas, como una imagen vale más que mil palabras, os recomiendo que os deis un garbeo por mi Insta (garbeo largo porque los vídeos de todo eso están al principio de la cuenta).

A propósito de la figura del aprendiz me viene a la memoria una de mis pelis preferidas, del gran actor Jackie Chan en *The Karate Kid* (2010). En una secuencia el protagonista Jaden Smith quiere ir muy deprisa para aprender karate, y su maestro Jackie Chan lo tiene toda una semana colgando y descolgando la chaqueta, hasta que el joven entiende la importancia de este sencillo y anodino acto para llegar a ser un maestro. Y es que colgar con conciencia nuestra chaqueta (y no tirándola como si no fuera importante) marca toda una actitud frente a las cosas simples y anodinas de la vida y, por ende, una serie de valores que pone por delante la excelencia en todo lo que hacemos, por simple que parezca a los ojos de los demás. Si estás completamente comprometida contigo misma y no hay ninguna fisura en dicho compromiso aparecerán tu entereza, tu calma y tu sabiduría interna en su máximo esplendor. La fuerza interna es como una flecha, el arquero sabe de la importancia de la dirección hacia donde quiere mandar su flecha para que dé justo en la diana y no salga disparada hacia cualquier lado, sin rumbo y dando tumbos como si de una veleta se tratara. Eso es algo que no se compra con dinero, que no se compra con postureo o con libros de autoayuda aprendidos de memoria, es en donde el guerrero mide sus fuerzas con el peor rival: él mismo o ella misma.

Y ahora sí paso a describiros mi primera escalera y mi primera cama.

En esta segunda cabaña ya tenía más herramientas y dominio de las mismas, aunque todavía no me había comprado mi super-Jauregui, mi hacha favorita de Bushcraft, vizcaína ella y hecha por un artesano genial; adoro todo lo que hace. Las hachas me fascinan y en la actualidad estoy haciendo hucha para comprar un hacha vikinga que es una preciosidad perfecta para trabajos sencillos como emplumados (sacar virutas a un palo delgadito que sirven para encender el fuego). Para realizar mi escalera de madera me hubiera ido perfecto tener una. A ver si algún lector o lectora se anima y me la regala; dice el refrán «quien no llora no mama», pues sugerencia lanzada.

La escalera fue fácil, dos tronquitos en paralelo y agujereados cada dos palmos aproximadamente, mirando que no haya mucho espacio entre los escalones o si no os tocará hacer grandes zancadas para subir. En este caso utilicé mi taladro manual e hice los agujeros pertinentes para colocar el tronquito transversal que haría de escaño. Para juntarlos con los troncos en paralelo, a una distancia de unos tres palmos, utilicé tornillos de madera hechos por mí. Adoro los encajes sin tornillos como los hacían nuestros ancestros y como hacen los japoneses.

Una vez que hice siete escalones la escalera me sirvió para poder embarrar el tejadito de mi cabañita estilo apache. En el libro *Refugios, chozas y barracas. Guía clásica de construcción de refugios bushcraft naturales,* escrito por Daniel Carter Beard (*Shelters, Shacks, and Shanties*), publicado en 1914 averigüé que el tipo de cabaña que estaba construyendo las hacían los apaches de la Montaña Blanca y tenían forma de tienda de campaña

> con la diferencia de que la choza apache no está cubierta con corteza de abedul, un material peculiar del norte, sino que el apache utiliza hierba rasa que se encuentra en los lugares donde están sus chozas. Hoy en día [por el año 1914], el apache de las Montañas Blancas se ha vuelto tan degenerado y ha perdido tanto el verdadero sentido de la dignidad como salvaje que se rebaja a utilizar palos de maíz con los que cubrir con paja los largos e inclinados lados de su casa en forma de cabaña, pero al hacerlo demuestra realmente buen sentido común, ya que los palos de maíz y las hojas de maíz son un buen material para este fin.

La segunda cabaña resultó ser un mix entre una cabaña a dos aguas apache y una cabaña con materiales de arcilla y paja, pues todavía no había entrado en el conocimiento de la cal hidráulica. Eso lo descubrí en la tercera cabaña hecha con balas de paja (bioconstrucción).

Después de unir los troncos laterales con esa amalgama maravillosa, recubrí las paredes con ramas de pino y hojarasca. En cuanto a la cama, seguí el mismo proceso, solo que, en vez de dejar dos palmos entre escalón y escalón, coloqué unos al lado de otros los tronquitos que harían de colchón. ¿Y cómo preparé un colchón? Muy simple, primero hice una capa de paja y encima volví a colocar ramas de abeto, que son muy tupidas y si las colocas en cantidad son mulliditas y hasta calentitas y, sobre todo, reconfortantes. ¿Porque la había hecho con mis manos? Segurísimo que sí. ¿Hay algún pescador o pescadora entre los lectores? Pues ya sabrá qué rico sabe lo que ha pescado. La sensación de comer lo que has pescado con tus propias manos no tiene parangón. Lo mismo me sucede a mí con las cosas que voy aprendiendo a hacer con mis manos: que si una escalera, que si una cama, que si una mesa de trabajo, que si una cabaña 4×4, que si dos cabañas 4×4, que si un huertecito bushcraft, grabar para YouTube, editar mis vídeos con un programa profesional, hacer conservas, el mundo del electrocultivo... Dios, dame años para aprender y practicar todo lo que me llama la atención y que me trae loquita.

El poder de la manifestación

Durante cinco meses fui yendo y viniendo desde el pueblo al recóndito lugar donde no llega internet, y conocí al pastor que pastorea sus ovejas por esos lares. Dormí a cielo abierto. El silencio de esas noches y la magia de sus amaneceres compensó todo el esfuerzo que significa construir una cabañita fuera de la red, en un lugar sin internet. Tuve por compañía las espectaculares puestas de sol, las estrellas, el berreo de algún que otro ciervo, algún jabalí despistado y zorrillos, que abundan por esta zona, por eso jamás dejé comida a la vista y mucho menos la bolsa de los desechos.

Recuerdo que cada vez que bajaba de la montaña visualizaba un terreno para poder construir mis cabañas. No hacía mucho que había leído que, si visualizas con todo tu corazón aquello que deseas, va y se cumple. Os aseguro que en mi caso fue así; dile casualidad, magia o lo que quieras. Y eso es lo que hacía cada vez que bajaba de la montaña. Habían pasado cinco largos meses, y de pronto... Una persona del pueblo, una mujer encantadora y que había sido boy scout como yo, y conocedora de mi búsqueda de terreno en el bosque para hacer cabañas, me ofreció un espacio de su propiedad de unos mil metros cuadrados.

El 18 de enero de 2023 firmamos un contrato de cesión de uso de terreno rústico a cambio de permuta de servicios por cinco años. ¿Su nombre? Os lo he dicho al principio del libro, Farnes, se llama Farnes, y sin ella saberlo, me ha regalado años de vida. Todo lo que he llegado a aprender y a vivir en ese terreno es gracias a su generosa acción.

Y así empezó la tercera cabaña.

4

DISPUESTA A TODO POR UN SUEÑO

–El mar escupe restos de naufragios que la corriente arrastra. Hace unas semanas hubo una gran tormenta en alta mar y ha arrastrado hasta la orilla troncos y ramas. A mí me van muy bien porque los recojo para encender el fuego en la chimenea y en la playa cuando quiero comer lo que pesco.

–¿También arrastra todo lo que nosotras hemos encontrado? –pregunta Angi, ávida de curiosidad.

–También vuestros tesoros los ha depositado hasta aquí el inmenso mar. ¿Os gusta el mar?

–Sí –responden al unísono las dos niñas.

–Mucho –enfatiza Angi.

El hombre entonces encorva la espalda, tira fuerte de su caña de pescar y empieza a enrollar el hilo con un gesto rápido, contundente y preciso.

–Creo que ha picado un pez gordo.

Las dos niñas retienen el aliento con sus caritas expectantes y sus cuerpecillos erizados por la emoción del momento. De pronto y de un solo golpe, el hombre saca del mar un enorme pez que furioso coletea desesperadamente para desasirse del anzuelo. El grito de júbilo del pescador es acompañado por unas risitas nerviosas que no saben bien si aquello que sus ojos contemplan es bueno o no, dado que el sufrimiento del animal no pasa desapercibido. El sufrimiento no forma parte de su joven experiencia. Angi empieza a sollozar al percatarse de los movimientos tan desesperados de la boca del pez.

El bosque te hará libre y feliz

Es 25 de enero de 2023. Mi amigo Pitu ha venido con su excavadora a abrir camino, dado que el terreno que me han cedido es prácticamente inaccesible en coche. Conmigo está Vincent, el hijo de un amigo que ha decidido ayudarme con las redes sociales a cambio de aprender a trabajar su postura y por ende su respiración; se ha convertido en un forofo de los 90 grados. Se podría decir que Vincent es el responsable de que yo aterrice en las redes sociales, primero Instagram, luego el Tiki-Toki (TikTok, al que yo era muy reacia) y YouTube. Toda una experiencia que bien merece un capítulo aparte, así que ya os lo contaré más adelante.

Pitu es pues la persona que me aplana el terreno en la tercera cabaña y me excava con la retro, 50 centímetros de profundidad en la cuarta. Craso error dado que este sitio queda en la falda de una montaña y, para colmo, por debajo pasan tres riachuelos, a profundidades de 150, 200 y 300 metros. Pero llevamos tres años de sequía, con lo cual, y dado mi total desconocimiento de lo que significa este detallito de na, lo paso por alto hasta que en 2025 nos ha caído la del pulpo no, lo siguiente: a modo de ejemplo, durante un fin de semana de enero cayeron nada más y nada menos que 400 litros. El agua salía a borbotones por todas partes, el bosque inundado, la tercera cabaña inundada y el suelo de la cuarta parecía una piscina. Pero vamos poquito a poco, ¿sí? Primero con la odisea de la tercera cabaña tiene tanta tela que parecía que los dioses confabulaban en mi contra para que no siguiera con mi proyecto de aprender a construir una cabaña bushcraft. Es curioso lo que he constatado con los años, tanto a través de mi experiencia como la de alumnos, amigos y conocidos cuando queremos seguir los dictados de nuestro corazón. Está claro que saltan chispas al romper los límites que nos mantienen encerrados en un estilo de vida que ya no queremos, y parece una carrera de obstáculos hecha ex profeso para ver cuán fuerte es el compromiso con nuestro sueño. Es algo así: ¿tu sueño es consistente, es profundo? ¿Estás dispuesto a darlo todo por él? Si no es fácil, ¿vas a tirar la toalla? Al pasar el tiempo he podido constatar que, si insistimos en él, a pesar de todos los pesares, se activa el proceso de la magia. Suelo decir que sueños los tenemos todos, pero pocos son los que están dispuestos a darlo todo por ese sueño. Y cuando alguien me comenta que tiene un sueño que le gustaría materializar, siempre suelo preguntarle: ¿y a qué estarías dispuesta/o a renunciar para conseguir ese sueño? Cuando me contestan «todo», les digo: ¿puedes desgranar ese todo? Todo y nada es lo mismo, así que haz una lista con todas las renuncias que estás dispuesta/o a llevar a cabo para materializar el sueño. Y es que, al menos para mí, lo importante no es materializar el sueño, sino perseguirlo, darle forma, sostener la emoción cuando las cosas se tuercen y creemos que todo está perdido. Si somos capaces de sostener esa emoción, respirándola pausadamente para poder ver y entender qué miedo nos la está jugando o qué creencia nos está bloqueando y saboteando el proyecto, el camino hacia ese sueño, hacia ese cambio de paradigma entonces se transforma en un camino de aprendizaje. Ese es, para mí, el real valor de todo sueño: el camino del aprendizaje, apto solo para guerreras y guerreros, porque no tiene nada de fácil romper nuestros hábitos acomodaticios en una sociedad que propugna el «fácil y rápido», como si la gente tuviera prisa por ir al cementerio. Para mí lo fácil y rápido no tiene ningún aliciente, es aburrido y no necesita aprendizaje, es decir, vida vivida.

Durante esta etapa me pasé horas visionando vídeos de dos horas de bushcraft, y era tanta la obsesión que uno en concreto lo fotografié fotograma a fotograma. ¿Podéis imaginarlo? Esa soy yo cuando quiero aprender algo que veo por primera vez o simplemente quiero conseguir algo. La verdad que no es de extrañar, pues recuerdo que cuando vivía en la ciudad añoraba enormemente las montañas y el río. En los veranos de mi niñez en plena naturaleza y rodeada de bosque se forjó mi espíritu rebelde y libre. Todos esos veranos perdiéndome en el bosque, bañándome en el río de aguas cristalinas y frías sola —porque me gustaba ir sola a encontrarme con las hadas, los gnomos y los duendes del bosque de los que me hablaba mi querida señora Maria. ¿La recordáis? Esa señora mayor, a la que ayudaba a recoger alfalfa para dar de comer a sus conejos cuando yo era una chavalilla de trece años. Pues bien, Maria siempre me contaba lo peligroso que era que un humano viera las hadas de agua (en catalán se llaman *daines*), porque si las veía le traían mala suerte. Cuánta imaginación avivó en mí la buena mujer—. En esos paseos sola por las montañas de Sant Quirze de Besora, solía convocar a una amiga imaginaria con la que compartía todos mis grandes tesoros y descubrimientos del bosque. Luego, en el silencio de la noche y sin que mi madre se enterara, al menos eso creía yo, me levantaba y escribía a hurtadillas las vivencias del día en mi secretísimo diario de adolescente.

Pues bien, cuando mi mente volaba hacia aquellas vivencias estando yo encerrada en la gran ciudad, solía invadirme una tristeza tan grande que muchas veces acababa llorando a moco tendido, sin saber a ciencia cierta el motivo. **Quizá, y solo quizá, mi vida ha transcurrido en una loca búsqueda de lo que hoy a los setenta años tengo: rumbo, dirección y propósito, y todo ello me lo ha dado la madre naturaleza, mis montañas y mis cabañas.** Sabía sin saber que la ciudad me mantenía muerta y que para no sentir esa muerte no paraba de huir, ahora hacia aquí, ahora hacia allí, ahora hacia París, ahora hacia Londres, ahora hacia Praga, ahora hacia Berlín, ahora hacia Poona. Hasta que un buen día dije basta, así como hago yo, de la noche a la mañana, *ça suffit*.

A la tercera, todavía, no va la vencida

El primer descubrimiento que hice fue que en los vídeos de bushcraft todo resultaba muy fácil… y, en cambio, mi realidad era otra. Empecé a reírme de mí misma porque, en mi pasión por aprender, pasé por alto que todos los que construyen cabañas son mayoritariamente hombres cachas, jóvenes y con unos amplios conocimientos de ebanistería. Mi sueño me supera por todas partes, me siento como la península ibérica rodeada de agua por todas partes menos por una. Os recuerdo mis carencias: canija, 1,56 metros, cero conocimientos de todo lo referente a la construcción de cabañas, poca fuerza y menos masa muscular, poco dinero y sesenta y ocho tacos. Y es aquí donde empieza la diversión.

A ver, con lo de canija no puedo hacer nada; con lo de cero conocimiento, estoy en ello; con lo de poca fuerza y menos masa muscular, voy a clases de cardio para ponerme en forma, y la verdad, dos años más tarde y para tener casi setenta y un abriles, estoy muy cachas, os lo aseguro. Con lo de poco dinero, no es más rico quien tiene más, sino quien menos necesita, así que..., y con lo de mayor o vieja tampoco puedo hacer nada. Está claro que el resultado va netamente en mi contra, pero la misma voz interna me dice: «Nena, nena, nena, **menuda fuerza tiene tu pasión por aprender, es tanta que ni te das cuenta de todos los obstáculos que tienes por delante**. Eres un pajarito que se cree una leona», y como de lo que se cree se cría, pues hala, ahí estaba, moviendo la melena leonina al viento y encaminándome a poner solución a todo lo que se pueda, y el resto se resolverá a medida que vaya avanzando. Y tengo que decir que, efectivamente, así ha sido: todo se ha ido resolviendo a su debido tiempo. Y como el tiempo no existe, es tan solo una medida de control para saber cuánto hay que pagarle al obrero por su trabajo y así calcular el valor monetario de las cosas, lo hice porque no sabía que no se podía hacer. Y sigo con el soliloquio. Lo malo es que hemos perdido el sentido común, que es el menos común hoy en día. Nos hemos convertido en seres mercantilistas que valoran las cosas por su precio y no por su auténtico valor; las amistades las valoramos en función de lo que nos aportan o pueden llegar a aportar; se valora más un sueldo alto que un alto sentido de libertad; se valora más una buena transacción comercial que un intercambio sincero y amoroso entre las personas..., y así nos va, vacíos de nosotros mismos deambulamos entre muertos vivientes buscando algo que nos haga recordar que estamos vivos, que somos seres sintientes, que hay algo más allá del valor económico de todo, absolutamente de todo, hasta para morir pagamos, coño.

Parece ser que hemos olvidado que nacemos libres y que deberíamos morir libres. Y el único lugar

que nos puede devolver esa libertad es la madre naturaleza.

Sí, la madre naturaleza, esa que muchos toman por su cubo de la basura cuando van a dar un paseo por la montaña o cuando restauran la segunda residencia en ese pueblecito tan bonito y cuyos bosques toman como el lugar perfecto para dejar su mierda. Por suerte, hay personas que lo aman tanto que se dedican a recoger la mierda de los desalmados que, insisto, confunden el bosque con su basurero particular. Ya sé que me repito, pero me da mucha inquina ver como mucha gente trata el bosque.

Y prosigo con mi crónica. Después de constatar el gran desajuste que hay entre los vídeos de bushcraft de YouTube y una servidora, surgió el primer problema de la tercera cabaña: ¿cómo se aplana un terreno con 40 centímetros de desnivel? No fue hasta la cuarta cabaña que descubrí el teorema de Pitágoras aplicado a nivelar una parcela —medir de un lado 3 metros, del otro 4 metros y trazar una diagonal entre los dos puntos de 5 metros; o 30 centímetros × 40 y diagonal de 50 si el espacio es pequeñito—. El suelo de esta tercera cabaña era de piedra, e hice viajes y viajes para cargar piedras en el coche. No os lo podéis imaginar, pero os puede dar una idea si digo que me cargué un par de veces las arandelas de los palieres del coche, claro que también me cargué el cristal de delante con un tronco de 2,5 metros que no cabía y encajé a lo bruto. Pensad que ambas cabañas, la tercera y la cuarta, son de 16 metros cuadrados y llevan muros de piedras de 1,5 metros de altura por unos 50 centímetros de ancho. Hubo un momento en que pensé cambiarme el nombre de Yaya por Wilma Picapiedra.

El segundo problema surgió cuando cargando piedras de unos veinte kilos me machaqué uno de los dedos gordos del pie. *De facto* se ve muy claro que ese dedo tiene poco recorrido.

El tercer enorme problema vino cuando Pitu me propuso ir a por troncos de castaño a uno de sus bosques. Abro un punto y aparte: es la primera vez que conozco a alguien que es propietario de varios bosques, y yo que creía que los bosques eran del Estado. Pues sí y no. En Catalunya el 80 por ciento son de propiedad privada y, según en qué lugar, parece que esos bosques tienen ojos, porque como hagas algo incorrecto te aparece el dueño escopeta en mano. El mundo urbano desconoce casi todo del mundo rural y algunos urbanitas se piensan que la gente de pueblo de montaña son tontos. Y algunas personas del mundo rural se ríen a mandíbula batiente de los urbanitas que van con aires de superioridad a la montaña y que se piensan que todo el monte es orégano. Tengo que decir que después de vivir casi veinticinco años fuera de la ciudad, me entra la risa cuando los veo vestidos y peinados como si fueran a una pasarela de moda de ropa deportiva, claro que yo antes era así, je, je. Cierro el punto y aparte y vuelvo a la historia.

La primera gran prueba

Era una maravillosa mañana soleada de domingo del mes de febrero y Pitu vino con un amigo. Los tres enfilamos en un desvencijado 4×4 hacia el bosque. Recorremos varios kilómetros y el lugar al que al final llegamos está en donde Dios perdió la alpargata. No hay cobertura. Los dos hombres, viejos lobos de montaña, sacan sus sierras mecánicas y dirigen sus miradas hacia unos hermosísimos castaños que deciden subir a cortar, dado que al haber un importante desnivel los troncos caerán hacia el camino y será fácil partirlos. El primero en trepar montaña arriba es Jordi, detrás lo sigue Pitu y luego servidora con el aix en el cuerpo, dado que la subidita no es moco de pavo para dos hombres que, por más lobos de bosque que sean, tienen sobrepeso y pasan de los sesenta y ocho; sinceramente, no veo muy clara semejante pirueta, máxime teniendo troncos más a mano. Expreso mis dudas: «Chicos, id con cuidado, que entre los tres sumamos casi doscientos años y no me gustaría que...». De pronto contemplo horrorizada que Pitu cae rodando montaña abajo. Me hiela la sangre el sordo sonido de su cabeza contra el suelo duro del camino; detrás cae el largo árbol. Corro como una loca hacia él cuando me percato del charco de sangre en el suelo y los ojos en blanco. Pitu intenta levantarse aturdido, farfullando. Jordi se acerca con la cara desencajada y consigue que no se levante del suelo. Temblando, busco el móvil y llamo al 112 —aquí tengo que decir que jamás me he encontrado con un servicio tan incompetente como el 112 de la Generalitat—. Como puedo pido ayuda. «Socorro, mi amigo acaba de tener un grave accidente, tiene sesenta y ocho años, los ojos en blanco, un charco de sangre que mana del lado izquierdo de su cabeza», suelto de golpe con la ansiedad marcada en la voz. Del otro lado de la línea una voz lacónica me dice: «Deme su número de identificación y coordenadas». «Jordi, ¿dónde coño estamos?». Este con manos temblorosas intenta averiguarlo en su móvil, pero tampoco tiene cobertura y no se maneja bien con el artilugio. Intento explicárselo a la voz lacónica del otro lado de la línea y después de un infructuoso tira y afloja pidiendo datos del herido (dirección de su vivienda, primer y segundo apellido, si tiene póliza) va la muy... y me cuelga. De mi garganta sale un «me cago en todo lo que se menea, hija de...». De pronto aparecen un par de ciclistas que resultan ser la salvación de Pitu. Con su teléfono, que sí tiene cobertura, hacen la llamada y responden a todas las preguntas dando sus propios datos y la ubicación exacta. Estamos en medio de la nada, difícil para que llegue una ambulancia, por no decir imposible, y complicado para aterrizar con un helicóptero. Mientras tanto procuro que Pitu no tenga frío. Le alzo la cabeza, le voy hablando, de vez en cuando parece querer levantarse, lo calmo, le pido a Jordi si tiene algo con que abrigarlo, dado que estamos a mediados de octubre de 2023 y hace fresquito, consigo taparlo un poco por debajo del cuerpo para que la humedad no lo perjudique y de pronto, en un acto totalmente reflejo, le agarro la lengua porque parece que se la va a tragar por los aspavientos que ha empezado a hacer. Transcurren dos largas horas en las que todo mi foco está puesto en Pitu cuando de repente aparece un helicóptero sobrevolando la zona con una camilla y un bombero que va bajando hasta tocar el suelo. Doy un bote de alegría y las cinco personas, Jordi, tres ciclistas más y servidora, aplaudimos y respiramos de alivio. Después de hacerle los primeros auxilios lo suben a la camilla y poco a poco bomberos, camilla y Pitu van ascendiendo por los aires rumbo al hospital de Girona. Todavía no me acabo de creer lo que ha ocurrido. Y es entonces cuando Jordi me cuenta qué ha sucedido: Pitu ha partido mal el tronco y este se ha rajado de tal manera que una parte ha actuado como de látigo dándole en la cabeza. Ambos estamos claramente en shock, y a petición mía, Jordi me deja en la cabaña y lo primero que hago es coger la motosierra y liarme a cortar troncos, en una especie de acto de contrición y para quitarme el miedo que se me ha quedado incrustado en el cuerpo. Es la primera vez en mi vida que sostengo en mis brazos a alguien en tan mal estado. Y es la primera vez en mi vida que reacciono de tal forma, instintivamente para cogerle la lengua porque de golpe recuerdo que si la persona se traga la lengua es muerte segura. Son las seis de la tarde de un domingo negro, suena el móvil, es Jordi: Pitu está en el quirófano, le han tenido que abrir la cabeza de extremo a extremo, todavía no sabemos cómo irá la cosa. Me volverá a llamar en cuanto sepa más. Cuelga. No puedo evitar pensar que esos troncos eran para mi cabaña, no puedo eliminar ni de mi mente ni de la boca del estómago la fría sensación de... ¿por qué?

A la mañana siguiente y después de una noche con pesadillas por lo ocurrido, me levanto con la boca reseca y al mirarme en el espejo mi ojo derecho luce un enorme orzuelo que pone de manifiesto toda la angustia del día anterior. A las diez de la mañana llamo a Jordi y este me relata con la emoción contenida en cada una de sus palabras que Pitu está en observación, que todavía no ha salido del peligro y que solo dejan entrar a su mujer. Para quitarme el mal sabor de boca me voy a la cabaña y empiezo a recoger del suelo los troncos viejos. A las dos horas me voy a por troncos a otro sitio y hago el mismo procedimiento: cargo troncos viejos tirados en el suelo. El simple hecho de quitarles la corteza aligera mis pensamientos y me concentra. Limpio troncos, los apilo y vuelvo a salir a por más. En una de estas salidas, al cerrar la puerta de atrás del coche la presión que ejerce esta sobre los troncos es tan grande que vuelvo a cargarme el cristal delantero, esta vez hay una bonita estrella luciendo su poderío y recordándome que es muy posible que los del seguro no quieran renovarme. Ya llevo tres partes este año. Joder, qué mala suerte. ¿Qué más va a pasar? Estoy con el aix en el cuerpo, Pitu está jodido y la imagen de él rodando por la montaña no me deja tranquila. Por la noche vuelvo a soñar con que le cojo la lengua para que no se la trague, pero esta resbala de mis dedos y todo se emborrona, y de pronto el tronco de castaño empieza a perseguirnos a Jordi y a mí. La escena cambia y ahora sale en primer plano el helicóptero medicalizado, que va dando vueltas como una peonza sobre los tres, con ese ruido ensordecedor. Me despierto sudando, joder con el sueño, qué mal rollo.

Así paso cuatro días. Al cuarto y a eso de las diez de la mañana Jordi me comunica que nuestro amigo ha salido de la UVI y está fuera de peligro en su habitación, pero que de momento solo pueden visitarle los familiares. Queda por ver si habrá secuelas. Tan pronto cuelga el teléfono, rompo a llorar, no puedo evitarlo, es una descarga emocional que parece relajar todo mi sistema nervioso. Llevo cerca de cinco días conteniendo la emoción e intentando mantener el tipo. Es curioso, pero a la mañana siguiente, jueves, el orzuelo ha desaparecido. El llanto ha dejado ir todo lo que el shock contuvo esperando a ver en qué momento soltarlo todo.

Han pasado cinco días desde el accidente, cinco días con una terrible sensación de angustia en el cuerpo, como si ese accidente fuera un aviso para mí, y no puedo evitar la pregunta: ¿seguro que debes continuar con la cabaña? Lo curioso es que la duda, generada por una nefasta sensación de derrota, en vez de amilanarme hace que me levante y me diga: «Cuidado, esta puede ser una manera sutil de boicotear tu sueño, tú no eres responsable de lo sucedido. Cierto que jamás en la vida te has encontrado en semejante situación, pero bien puede ser una prueba de resistencia ante circunstancias desfavorables. Nadie dijo que ir en contra de lo establecido fuera sencillo, rápido y fácil, ¿verdad? Estás rompiendo esquemas, como siempre, es algo que conoces muy bien y siempre has acabado sufriendo por ello. Ya sabemos que la libertad es solo cosa de valientes. Si fuera fácil, todo el mundo sería libre y seguiría sus sueños, pero la mayoría de las personas prefiere la cárcel de la famosa seguridad que tú siempre has rechazado. Siempre has pensado que nadie sabe si mañana estaremos vivos. ¿Sabes la de personas que en su último suspiro lo que más lamentan es no haber realizado sus sueños? ¿O no haber hablado con el corazón con las personas queridas? ¿O no haber dicho un simple te amo a alguien solo por orgullo?

»Haz un examen de conciencia y recuerda todas las veces que te has sentido fuera de la red, que has levantado la cara y has continuado aun con el miedo escondido tras cada pliegue de tus vísceras. ¿Lo recuerdas?».

La voz se va haciendo cada vez más lejana como para reforzar ese recuerdo, como para reforzar todas esas veces que aún con el miedo en las tripas me he levantado y he salido a la calle. Pero la diferencia con esta vez es que, a pesar de levantarme y salir a la calle, el desgaste energético que sufría en aquellas ocasiones era tan grande que me quedaba sin fuerzas para seguir caminando. Así, en vez de centralizar mis energías en el proyecto, lo desechaba y lo que hacía era dispersarme en nuevos proyectos, o en nuevas huidas, como podría decir alguien. Algo así como la ilusión de un nuevo horizonte, un nuevo proyecto, que eclipsaba el desgaste energético del sinsabor que había vivido en el anterior proyecto y que hacía que lo abandonara. Una manera muy sutil de tirar la toalla pero sin tirar la toalla; cambiar de rumbo, ese era mi autoengaño, cambiar de rumbo.

Y la voz que vuelve a decirme: «No es como tú crees lo que ha ocurrido a lo largo de tu vida, a lo largo de tu amplia experiencia. A lo largo de tu aprendizaje, todos los proyectos que manejabas no eran en realidad para ti, eran para que aprendieras y acumularas conocimiento».

Y de pronto me viene a la mente, como un latigazo, una frase que solía decir a los catorce años, cuando me preguntaban qué quería ser de mayor. «Sabia, quiero ser sabia», contestaba, y en mi mente se dibujaba la cara de la Gioconda.

Por fin llegó el día en que pude ir a visitar al hospital a Pitu. Lo primero que pensé cuando lo vi sentado en su silla, con la cabeza rapada y una brecha con puntos que iba de la frente a la parte trasera, fue: «Pedazo de vikingo que estás hecho, *nen*». Pitu sonrió tímidamente y me confesó que no se acordaba de nada pero que sabía que había vuelto a nacer. «Ya lo puedes decir, querido amigo, has vuelto a nacer. Tú querías ir en helicóptero y no sabías cómo conseguirlo, confiésalo, ja, ja, ja».

Pitu permaneció en el hospital dos meses y lo que pudo acabar en tragedia al final fue una historia más que añadir a sus múltiples cicatrices, que hablan sobre la vida de un hombre en el bosque y su pasión por las montañas de su tierra.

El tiempo pasó y el incidente con Pitu fue quedando atrás. Él se recuperó y yo continué con mi aventura. El mes de marzo fue un mal mes para trabajar en la cabaña, así que decidí hacer un curso de afilado de herramientas. Por entonces ya tenía mi Jauregui y varios cuchillos, así como un machete artesanal que me gustó mucho y que compré en un mercadillo de herramientas del campo. Ese curso fue para mí un antes y un después. Entendí que la parte más importante de trabajar con herramientas de filo era su correcto afilado. Un buen afilado te reduce el trabajo en un 40 por ciento, he llegado a escuchar a más de un profesional del sector y lo he comprobado personalmente. Afilar mi Jauregui, mis cuchillos y mi motosierra es un total gustazo a la hora de cortar tronquitos o hacer emplumados para encender el fuego o abrir troncos de dos metros.

En esta línea tengo una divertidísima anécdota que a buen seguro os hará reír y que confirma que soy Mrs.

Bean. Resulta que hace poco se me estropeó la motosierra y fui a la concesionaria de la casa Sthil. «No corta bien y no tensa la cadena», le dije al hombre. Este, que ya me conoce, me mira y con una sonrisa cariñosa me dice: «¿Cómo tensas la cadena?». «Pues aprieto este tornillito y listo». «Esta espada está hecha polvo y quemada, y es por la manera en que dices tensar la cadena», me contesta. Y con una infinita paciencia me enseña que primero tengo que destensar un tornillo para poder tensar el otro: «Mira, lo que estás haciendo es parecido a conducir a 100 km/h con el freno de mano puesto». «Qué desastre; nadie me lo ha explicado y creía que se hacía así». Me entra la risa por mi torpeza, y me digo: «*Joer*, neni, siempre igual, aprendes a base de meter la pata». Y es verdad. Recuerdo cuando dejé la gran ciudad para irme a vivir a Port de la Selva; hacía el trayecto Barcelona-Port de la Selva por autopista en cuarta y a 120 cuando el coche tenía la quinta marcha, pero yo pensaba que si le ponía la quinta iba a gastar más gasolina. Descubrí el error gracias a un buen amigo al que por azar le comenté que iba en cuarta por autopista desde Barcelona y, al ver que mi coche tenía cinco marchas, se llevó las manos a la cabeza y me dijo: «Te podías haber cargado el coche», y entonces me contó el porqué de la quinta marcha. De estas historias mi vida está a rebosar. Como nadie me enseña, porque las cosas que a mí me gustan son mayoritariamente cosas «de chicos», que o no tienen paciencia para enseñar, o menosprecian que yo quiera aprender o simplemente pasan de una mujer rara o —he llegado a oír— una marimacho. Como servidora es cabezota no, lo siguiente, me lío la manta a la cabeza, preparo el botiquín por si acaso, y dale, Maripili, dale, cariño, que tarde o temprano lo vas a conseguir. Y así ha sido toda mi vida, *ñoras* y *ñores*.

5

NO LLENES TU VIDA DE AÑOS, LLENA TUS AÑOS DE VIDA

El pescador saca de su bolsillo derecho un pequeño cuchillo y con un gesto rápido y conciso corta el hilo de la boca sangrante del pez.

–Es una hermosa y lustrosa lubina –sentencia el pescador con aire triunfante. Al ver las caritas compungidas de las niñas añade con ternura en la voz–: Vamos a honrarlo y a darle las gracias por el gran regalo que nos hace para nuestro sustento.

–Pero a lo mejor él no quería ser nuestra comida –dice Angi.

–Mirad, en un país muy lejano, cada vez que un pescador sale a la mar realiza un ritual de agradecimiento a los peces que pescará y les da las gracias por alimentar el cuerpo de su familia y el suyo propio. Nosotros vamos a hacer lo mismo, ¿qué os parece?

Acto seguido se pone a recoger varias ramitas de diferentes tamaños y hace un agujero en la arena. Coloca las ramitas dentro del agujero con cuidado y con gran ceremonial saca de su bolsillo derecho unas cerillas de madera y procede a encender fuego. Angi no puede apartar la mirada del pez muerto, mientras que Josephine rompe ramitas para que el pescador alimente la llama. El chisporroteo entona una canción que absorbe la mente de ambas niñas. Se han quedado prendadas ante la fuerza de las llamas, que ajenas a los pensamientos de Angi bailan la danza del eterno tiempo sin tiempo.

Vivir sin pedir permiso, no importa la edad

Me estoy poniendo de moda y todavía no tengo claro si me gusta o no, lo que sí tengo claro es que se me hace raro que ahora me adoren por lo mismo que durante tantos años ha generado rechazo en la mayoría de las personas. Estoy segura de que muchas de estas, las de mi edad, sienten una admiración que cuando éramos jóvenes no me profesaban, más bien todo lo contrario. Siempre he sido la oveja negra, la rara, la loca. Cariñosamente (¿o no?), la frase que siempre me decían era: «Estás loca», y en ella encontraba el mayor de los rechazos, era un puñal clavado por la espalda que me advertía: «Tu manera de vivir no encaja entre nosotros, que somos los sensatos, pero nos hace gracia por un rato». Ahora recuerdo una conocida que una vez me llegó a decir: «Vives como si tuvieras dieciocho años y tienes cuarenta y cinco, ¿es que no piensas madurar nunca?». Mi respuesta fue clara, concreta y concisa: «¿Acaso te has pensado que soy como un tomate, que tiene que madurar para ser comestible? Vigila con tu maduración, querida, que dentro de poco te vas a pasar de tanta maduración y el siguiente paso es el cementerio o la residencia para maduros, y como reza la canción: "Te olvidaste de vivir"». Creo que no hace falta deciros que no le sentó muy bien mi respuesta, ¿verdad?

Siempre he visto y constatado que hay personas que creen tener derecho a expresar sus limitaciones y proyectar sus pensamientos, típicos de mente estrecha, y cuando tú les devuelves un zasca se llevan las manos a la cabeza y se sienten ofendidas. Para ellas, yo soy un bicho raro; para mí, ellos son muertos vivientes intentando joder la marrana, si una se deja, claro. Y servidora nunca se ha dejado; en eso soy muy muy rápida, de mente ágil y socarrona. Pero me produce pena ver ojos que han perdido el brillo que lucían en su juventud. Ver como mucha gente, por sus creencias limitantes, limita su enorme potencial y se va ajando en la evolución de su vivir cotidiano, marcado por normas que los convierten en muertos vivientes. Hay estadísticas que demuestran que cuando nos encontramos cara a cara con la Parca, muchas son las personas que se arrepienten de no haber actuado en la línea que su corazón les indicaba, al que han anulado y aniquilado por el miedo al qué dirán, por el miedo a perder, por ese mismo miedo que se instaló en su subconsciente cuando eran pequeños ante la figura autoritaria de un padre, una madre o un profe, ese miedo que les hizo dejar de luchar, dejar de lado su enorme fuerza, su coraje y su valentía y plantar cara al abusón de turno, ese miedo fruto de una experiencia que no supieron transformar en aprendizaje y se quedó para siempre marcada en todas sus acciones. Para estas personas su zona cómoda son las órdenes que obedecen a la perfección para NO TENER PROBLEMAS; desconocen que todo problema tiene su solución y que solo hay que activar la creatividad para ver que un problema nunca es algo que nos va a dejar inoperantes, todo lo contrario, es la palanca que nos va a poner las pilas para dejar de lado la zona de confort en la que nos movemos. Quizá te preguntes qué es eso de la zona de confort. Bueno, a veces nuestra zona de confort es justo todo lo contrario al confort, pero desconocemos que sufrir, pasarlo mal, quejarnos continuamente, estar enfadados todo el día, etc., etc., en realidad es lo que sí conocemos, y por eso se le llama la zona de confort, y salir de ahí, salir de esa víctima, de fácil tiene muy poco. Ya lo dice el refrán: vale más malo conocido que bueno por conocer, ¿os suena?

Y uno de los problemas que veo en muchas personas es

la creencia de que más allá de los cincuenta años no hay vida. Algo así como que si de joven no consigues lo que quieres (que suele ser dinero o estatus social), de viejo mejor muérete o dedícate a hacer calceta. No lo dirán así, pero es la realidad en la que se mueven muchas personas sin tener ni siquiera consciencia de ello. Lo constato continuamente y la verdad, me causa extrañeza, porque yo no siento la edad que tengo ni física ni mentalmente, y como no ando en busca de novio, mi físico me la trae al pairo. Así que puedo dirigir sin problema alguno toda mi energía hacia el aprendizaje del bushcraft o lo que se tercie que llame mi atención. Para mí la vida no es un simple protocolo en donde hay que estudiar, trabajar, parir hijos, jubilarse y morir.

La vida es algo inmenso, inconmensurable, apoteósico, brutal, misterioso, mágico, dulce, agrio; para mí la vida es ese espacio del universo donde puedo desarrollar todos los dones y potencial que han tenido a bien regalarme mis antepasados, la génesis del alma, un alma que es la representación del amor.

Y cuánto amor albergan mis dones y mi potencial, tanto que, si lo coarto con mis creencias limitantes, lo que estoy coartando es mi propia vida, mi propia felicidad, mi propia proyección sobre los demás, por lo que el alma va a gritar desesperadamente: «¡¡Déjame vivir!!». El día que descubrí este grito tenía ocho años, y desde entonces la edad cronológica de mi cuerpo ha sido una mientras que la edad cronológica de mi amor por la vida no pasa de los seis. Los adultos, como ya he dicho, me aburren un montón —y si me aburro puedo ser peligrosa—, en cambio, los niños ávidos de vida no vivida rebosan esa energía del amor que tanto adoro, respeto y venero. Ellos tienen la magia de la vida, están vivos y viven cada segundo del día. Seguramente muchos no estarán de acuerdo con lo que pienso y escribo; normal, yo tampoco estoy de acuerdo con su mundo, con su manera de vivir y de pensar. Así que estamos en paz. Y mientras ellos sienten que la vida se les acaba y que por lo tanto solo queda esperar a la muerte sentados en un sofá viendo la tele, servidora siente que la vida justo empieza cada mañana cuando abro los ojos, agradezco mi primer bostezo y pienso: «¿Qué toca hacer hoy en la cabaña? ¿Hay que ir a por piedras para el murito del huerto? ¿Hay que ir a por troncos? ¿Hay que afilar el hacha? ¿Tengo que quitar corteza y quemar troncos para la pared? ¿Toca hacer encajes en los troncos?

¿Cortar leña? ¿Ir a por agua para los morteros de cal, arcilla y paja? ¿Qué haré para comer?».

Musculitos a los setenta

Como ya os he contado antes, en marzo de 2024 me apunté a un curso para aprender a afilar mis herramientas, sobre todo mi queridísima Jauregui, mi hacha vasca hecha a mano por uno de los pocos artesanos que quedan en Guipúzcoa. Solo puedo decir que afilar a mano mis herramientas es toda una lección de paciencia como hay pocas, de hecho, cada vez que afilo a mano con las piedras que tengo lo convierto en una meditación en la que consigo que la mente esté tranquilita y concentrada en el acto de afilar, todo un reto. Me suelo pillar con pensamientos del estilo: «Nena, date prisa, que queda mucho por hacer». «¿Ah, sí? —me respondo—, pues mira, vamos a dar unas doscientas pasaditas más para disipar a ese perseguidor interno que no te deja disfrutar de este festival que nos hemos montado para afilar las hachas». Y efectivamente, doscientas pasaditas más con la piedra de ocho mil para dejar bien afilado mi cuchillo ibero que llevo a todas partes y que me sirve para hacer batoneo (técnica de corte que se utiliza para golpear con un palo el lomo de tu cuchillo cuando quieres cortar o dividir ramas pequeñas para encender el fuego). Yo no uso el batoneo; sin embargo, es útil conocerlo si te quedas tirado en la montaña, la noche se te viene encima, hace frío y necesitas calentarte. O eso dicen los que hacen cursos de supervivencia.

Cuando me di cuenta de que mis musculitos eran poca cosa para levantar troncos de 15 milímetros de diámetro y 3 metros de largo y piedras de unos 15 y 20 kilos, fui consciente de que mi sueño tenía serios problemas de logística. Una cosa es lo que mentalmente queremos hacer y otra es lo que corporalmente podemos hacer. Algunos me dirán: «Entonces ¿querer no es poder?», a lo que yo responderé: «La estrategia para llevar a cabo ese poder depende de la fortaleza de tu querer, es decir, **no todo es fuerza bruta en esta vida, existe una cosa que se llama ingenio o maña**». Servidora, cuando se enfrenta a un in-conveniente, busca la manera de transformarlo en conveniente (los in-/im- me suelen sobrar; por ejemplo, im-posible, in-competente, in-tangible, quítales los in- y verás qué queda) y para mí esa es la manera no solo de vivirme, sino de vivir lo que la vida tiene a bien regalarme.

Fue con la tercera cabaña cuando pude contactar con mi jabata interna, esa que a pleno sol y a 33 grados de calor me mantenía en el tejado para intentar terminarlo. Ahí descubrí lo dura de pelar que soy, lo cabezota y lo tozuda. ¿Y sabéis qué? Adoraba llegar a casa a las ocho de la noche (de ocho de la mañana a ocho de la noche) tan cansada que me caía en la cama tal cual, ni siquiera me cambiaba de ropa, me daba igual; la satisfacción de saber de lo que era capaz suplía y callaba todas las voces internas que me decían: «Pero cómo te metes en la cama sin ducharte o al menos quitarte la ropa». Y a la mañana siguiente me levantaba nueva y vuelta a la cabaña a manejarme con el tejado, que me tenía frita.

El trabajo físico no solo me ha dado un cuerpo fibrado y musculado, sino una mente fibrada y musculada, una confianza en mis capacidades que ningún taller de autocrecimiento me ha dado nunca (básicamente porque la mayoría son muy mentales) y una vitalidad fruto de sentir que sí puedo yo sola hacer lo que muchos me decían que no podría. Además, la relación con la cabaña es de total independencia; que salga bien, mal o que poco a poco vaya prosperando depende única y exclusivamente de mí, de nadie más, y eso, *ñoras* y *ñores*, no tiene precio. Somos un equipo infalible: yo le doy 5 y ella me devuelve 5; no le doy nada, ella se queda tal cual.

Con la cabaña he descubierto partes de mí que desconocía, como por ejemplo mi **capacidad de reinventarme cada vez que me equivoco**, y que no me cuesta nada o casi nada desmontar lo que no queda como yo imaginaba que quedaría. Por algo dije cinco cabañas, las cuatro primeras han sido el aprendizaje que convertirá a la quinta en la definitiva, o eso creo, porque la verdad, entre tú y yo, mientras el cuerpo me acompañe, seguiré haciendo cabañas por todas las razones que he expuesto anteriormente, pero sobre todo por la sensación de libertad e independencia que me otorga vivir fuera de la red o casi. Los que pescan y luego comen lo pescado entenderán a qué me refiero con esa íntima satisfacción muy cercana, **el profundo sentimiento ancestral que nos conecta con la madre tierra**, algo que el humano que vive en el asfalto casi desconoce.

Salud en el cuerpo y en el alma

La gente que vive en ciudades y tiene vidas ajetreadas es absolutamente dependiente hasta del papel de váter, pues todo lo que consume lo tiene que comprar, mientras que la gente de montaña con solo salir al bosque puede obtener leña, plantas medicinales e incluso comida si sabe cazar, y dependiendo de la zona arándanos, fresitas salvajes, almendras, avellanas, nueces, etc. Por no hablar de la salud mental. Desde siempre el *tempus* de las personas de campo ha sido y es muy diferente del de las personas de ciudad. Las segundas andan bastante estresadas;

a las primeras es más difícil que les ocurra, sobre todo si viven del campo, donde los cultivos no tienen prisa alguna por crecer. Claro que tal y como se están poniendo las cosas con tanto que si DNI para las gallinas, que el ganado no puede estar al aire libre, que si para coger unas ramitas del suelo hay que pedir permiso, vamos, que ante el control que quieren ejercer sobre nuestras vidas, lo mejor casi es darse el piro de la vieja Europa, que lo que de verdad pienso me lo callo, que mi editora me corta el cuello, je, je. Pero también pienso en aquello de hecha la ley hecha la trampa, por lo tanto, fijo que saldrán maneras (*de facto*, ya las hay) de vivir fuera de la matrix donde la moneda es siempre el intercambio y donde no hay control que valga. Servidora lleva años practicando el trueque: tú tienes X y yo Z, ¿intercambiamos? El terreno donde tengo las cabañas es fruto de un intercambio, así como las maderas y troncos que utilizo. Me llama la atención la cerrazón mental de algunas personas que no pueden ver que el intercambio es un método muy válido para obtener servicios y cosas sin que el dinero intervenga. Los mercadillos de cosas usadas son lugares idóneos para generar grupos de personas que intercambian intereses, y creo que esto se hará más y más común entre los que pensamos que las cosas pueden hacerse de muchas formas y maneras. A esto se le llamaba «democracia», ya sé que puede parecer mentira y quizá os suene a ciencia ficción, pero en los años ochenta, noventa y principios del 2000 la democracia estaba muy valorada. Recordad que somos descendientes de los griegos, padres de la democracia.

La edad es solo un número

Cuando me encaramaba al tejado de la cabaña en pleno mes de agosto, a la una del mediodía y a 33 grados, notaba cómo las gotas de sudor resbalaban por mis pestañas y se metían en mis ojos. Descubrí que escuecen la primera vez que esto me sucedió. Terminaba la jornada rendida no, lo siguiente, pero llena de una satisfacción que nacía del centro de mi pelvis, subía por la medula espinal y explotaba primero en mi cerebro y luego en mi corazón. Reviviendo estos momentos un año más tarde, y subida al tejado de mi cuarta cabaña, esta vez poniendo un mortero de cal y paja, me doy cuenta del gran cambio que he experimentado gracias a la maravillosa oportunidad de poner en práctica mi fortaleza interna, esa misma fortaleza que me define a las mil maravillas cada vez que presiento que las fuerzas me flaquean, ya sabéis, cuando nos decimos frases como: «Esto no es para ti, a tu edad te viene demasiado grande». «NO», responde otra voz interna, y me doy cuenta de dónde nace ese NO. Sin que resulte ofensivo para nadie, siento que ese NO sale de mi coño, o como digo en el vídeo que me grabaron @monxileros en YouTube, de mis reales ovarios. Jamás, jamás en mi vida había tenido tanta consciencia sobre el proceso emocional que me ha regalado la locura de a los sesenta y ocho años empezar a aprender a hacer cabañas bushcraft.

Experimentar es equivocarse, y equivocarse es aprender y atreverse a experimentar, a equivocarse y aprender, para mí es VIVIR la vida y no transitarla como un autómata. La gente busca seguridad sin darse cuenta de que lo único seguro es que nos vamos a morir; tanta seguridad acaba siendo una cárcel y además es que no existe: hoy estamos vivos, mañana vaya usted a saber. A los seguros de vida yo los llamaría seguros de muerte, porque los únicos que van a cobrar son los vivos.

Es bien cierto que la edad es tan solo un número que, a mi entender, se lleva marcado en función de las ganas de vivir que una tenga. Soy mayor, sí, físicamente, pero mentalmente, como ya os he dicho, no llego ni a los seis años. Antes me decían en tono casi casi despectivo: «Es que eres demasiado intensa», y me lo creía. Cuando amo algo, amo con todas mis fuerzas, con toda mi potencia, con toda mi maravillosa locura (a la que tanto miedo he tenido) y solo tengo ojos para ese objeto de amor. Soy muy muy pasional, porque estoy muy muy viva y esto lo he descubierto gracias a la cabaña. Bueno, más o menos ya lo sabía, pero en vez de vivirlo positivamente y utilizarlo a mi favor, lo vivía negativamente, tal y como me hacían sentir los demás, que salían despavoridos ante tal avalancha de poderío energético. Y me quedaba hecha mierda ante el rechazo del otro. Recuerdo incluso odiar esa fuerza, esa pasión, esa intensidad que tan solo disfrutaba a solas conmigo misma, y con los demás pretendía esconderla, negarla. Todo ese enorme potencial que me ha llevado hasta este libro, ese potencial que me sirve para construir cabañas, le pese a quien le pese, hace que ante los problemas encuentre la solución. Y eso para mí es el mejor *antiaging* que he encontrado en mi mercado interno (en mí misma) aderezado con un gran sentido del humor, una gran perseverancia, constancia, tozudez, una enorme intuición, una mente lúcida que siempre previene y explora un plan B, una inagotable curiosidad por lo desconocido pero intuido. Dicho potencial, digo, es el resultado de haber sabido gestionar y focalizar bien (por fin) mi enorme y torrencial energía.

Setenta y un tacos que solo veo cuando me miro al espejo, pero no los siento cuando acarreo piedras de 20 kilos o troncos de 3 metros de largo por 15 centímetros de diámetro, o cuando me subo al tejado para colocar un mortero de cal y paja que me he inventado como cubierta del mismo. Hace pocos años que me amo, me respeto, me admiro, me acepto, es decir, eso que todos buscamos desesperadamente y que tantos ríos de tinta ha vertido a lo largo de los siglos, por fin lo tengo consciente y presente: **mi valor como ser humano, mi confianza en ese mismo valor, esa fuerza invisible e indivisible que forma parte de algo más grande llamado VIDA.** Despojada de lo superfluo, las memorias del dolor pasado, la vida se presenta tal cual en cada uno de nuestros movimientos, actos, decisiones, que son el resultado de dichas memorias de dolor no resueltas, no aceptadas e ignoradas. Craso error. Nadie nos enseña a vivirnos, generación tras generación hemos aprendido a obedecer, a seguir el ejemplo de lo vivido en la infancia, porque toda aquella o aquel que desobedecía recibía un castigo. ¿Cuántos castigos habéis recibido vosotros en vuestra infancia? ¿Cuántas aprobaciones a vuestra manera intrínseca de ser? ¿Cuánta paciencia, ternura (no confundir con permisividad) y comprensión os dieron de pequeños, ante vuestros actos de afirmación confundidos por desobediencia o rebelión?

¿Cuántos decidisteis que era mejor obedecer que ser?

El autoaprendizaje como herramienta para sentirme viva

Quizá ahora entendáis cuál ha sido y es el beneficio de construir una cabaña, de amar el trabajo duro y no lo rápido y fácil. El trabajo duro corporal (matizando por trabajo duro el que hago en la cabaña sin agua, ni luz), ese que hace que tengamos que esforzarnos físicamente (también puede ser ir al gimnasio, que suele dar mucha pereza), tiene una compensación, al menos para mí, brutal. Es una sensación de poderío en la que mi mente siente que puedo, que he podido hacer aquello que parecía complicado de hacer, imposible de llevar a cabo, lejos de mis probabilidades físicas. Quien haya vivido momentos parecidos me entenderá a las mil maravillas. Y aunque vaya a dormir supercansada, me siento muy orgullosa de mí misma, claro que a mi mente le van más los retos que a un tonto el pan. Sentir que aquello que me he propuesto lo consigo representa para mí estar en superación y en evolución constante, es lo que tiene ser hiperactiva: poder canalizar ese enorme torrencial energético a mi favor, en vez de dirigirlo en mi contra, ha sido el gran regalo que me ha ofrecido y ofrece cada día el bushcraft. Por primera vez en mi vida he sentido conexión con mi alma, con estar en esta dimensión, con la clara misión de demostrar que si queremos podemos, y no hablando, sino construyendo, haciendo. El movimiento se demuestra andando, día a día, paso a paso, momento a momento. Para una mente hiperactiva como la mía (le han puesto el nombre de TDAH) ese pasito a pasito, ese sin prisa pero sin pausa representa encauzar y dirigir mi energía, sin dispersión alguna. Así que cuando la gente en redes me pregunta por qué no utilizo herramientas que me hagan el trabajo más fácil y rápido siempre digo lo mismo: no hago cabañas por necesidad, sino por el enorme placer de aprender, de perderme en el tiempo sin tiempo, como antaño cuando las prisas, lo rápido y lo fácil no tenían lugar. **Lo hago para focalizar mi mente en el presente a través del esfuerzo físico**, ese esfuerzo que tanto parece atemorizar a muchos que prefieren tener el culo pegado al sofá y la cara enganchada a la caja tonta. Lo difícil me va, me pone las pilas, me apasiona y me remite a un presente total, el hecho de tener que encontrar una solución a un problema concreto es, para mí, un subidón lleno de posibilidades. Cuando me enfrento a algo que desconozco (hablo de la cabaña), lo primero que hago es buscar en YouTube un tutorial al respecto. Me empapo de ello y luego lo llevo a la práctica. La mayoría de las veces meto la pata, así que tengo que volver a mirar el tutorial y... vuelvo a meter la pata, ja, ja, ja, pero esta vez ya no es tan grande, se ha hecho más chiquita, más llevadera y entonces es cuando entra en acción mi enorme intuición. La postura que suelo adoptar es la siguiente: me quedo de brazos cruzados mirando lo que no he sabido solucionar; miro y remiro, escudriño como si con cada mirada pudiera encontrar la solución. Doy vueltas, voy a buscar una herramienta, me paro, me giro sobre mí misma, vuelvo a mirar, la mente va a dos mil por milésima de segundo, hasta que ¡zas!, se me ilumina algo, no sé el qué, pero siento que una parte de mi mente se ha iluminado y, sin ser muy consciente de ello, empiezo a actuar. En la cuarta cabaña me pasó al principio, cuando quise nivelar los 40 centímetros de desnivel del terreno. La de vueltas para medir que llegué a dar solo lo sé yo, que me partía, literalmente hablando, el culo de risa. Medía de un lado, me iba al otro lado y la medición había cambiado en unos cuantos centímetros, aquello no cuadraba ni a tiros. Me sentía como Mrs. Bean, toda una mañana me la pasé midiendo y volviendo a medir, haciendo y deshaciendo lo medido, qué agobio. Hubo un momento en que casi me saltaron las lágrimas y luego tuve un ataque de risa histérico, suerte que no me podía oír nadie, o me hubieran tomado por loca; bueno, por loca llevan tomándome casi setenta años. Recuerdo que me senté en el suelo, devanándome los sesos para buscar respuestas: ¿qué leches estaba haciendo tan mal? Me levanté, fui a por el móvil, busqué en san Google y escribí: «Cómo nivelar un terreno». Y se hizo la luz, el milagro, me asistieron todos los elementos sagrados del mundo mundial, ángeles, arcángeles, duendes, hadas, gnomos (soy fan de ellos, de los gnomos y las hadas), allí, frente a mis reales narices, un vídeo rezaba: «Pitágoras para nivelar terrenos». *What?* ¿Qué pinta aquí Pitágoras? Pues descubrí que mucho, así que su fórmula de 3 × 4 × 5 metros me ayudó a sacar una más que perfecta escuadra para que la cabaña fuera un perfecto cuadrado de 4 × 4. Bueno, perfecto, perfecto, lo que se dice perfecto, no me quedó, pero me consolé diciendo que la ventaja de lo rústico es que no es perfecto, por eso es rústico. Cómo me gusta y me alivia el ego el concepto «rústico», je, je. Medí 3 metros por un lado, 4 por el otro y la diagonal de 5 metros, y tuve mi primera esquina bien escuadrada.

«¿Y tú cuándo descansas?», me pregunta mucha gente. Y mi respuesta es: «Cuando mi cuerpo dice *prou*, basta».

Suelo acostarme tempranito, ceno sobre las siete, horario afrancesado, almuerzo a la una en punto, más o menos, y no suelo desayunar más que un café americano a las ocho de la mañana, hay días que antes. Mi sueño nunca es regular, siempre depende de lo que mi mente ande maquinando. Por ejemplo: ¿cómo soluciono lo del tejado sin dejarme un dineral? Así hasta que encuentro algo que pueda servir, y digo que pueda porque Oriol, la persona que me suministra la arcilla en la zona de La Pera (un pueblecito del Baix Empordà), el yute y los sacos de paja cortada finita, no tiene ni idea de si mi invento funcionará, así que una vez que he decidido probar le digo a Oriol: «Oye, ¿qué te parece que haga una lechada de cal y paja?». Y él me responde: «Tiene buena pinta, procura que la paja te quede en rectangular y no en perpendicular, y como tienes el butilo debajo, en caso de no funcionar, no te vas a mojar». Y con ello tira p'alante, Mari Pili, que a ti te va más la aventura que a un murciélago la oscuridad; menudo símil se me acaba de ocurrir.

Cumplir sesenta y nueve rodeada de troncos

La mañana amanece más fría de lo normal, pero es mi cumpleaños, así que enciendo la chimenea soplando en mis manos para calentarlas un poquito, que están frías. Muelo con un molinillo manual que me encanta y que compré en Figueras los olorosos granos de café arábigo que mi amiga Maria Antònia me ha traído de su último viaje a

Roma. Cada vez que va a la Ciudad Eterna vuelve con ese maravilloso café arábigo. En cuanto la cafetera empieza a silbar, adoro ese sonido, apago el fuego y me sirvo una humeante taza de té que aderezo con una chispilla de canela. Primero huelo ese rico aroma que me trae recuerdos de mi estancia en París, en los años ochenta, cuando trabajaba para Radio Nacional de España (RNE). Un ligero sorbito, quema, paradita, miro por la ventana, parece que el sol acabará luciendo su dorada luz, otro sorbito y un tercero, esta vez un poco más largo. Respiro profundo como en una especie de acto de contrición para saborear en toda su magnificencia ese rico néctar que me estoy tomando un 26 de noviembre a las 8.15 de la mañana. Suspiro largo y otro sorbito, adoro ese sabor entre fuerte, suave, intenso y ligero (por el toque de la canela) que deja en mi boca este café en concreto. El último sorbo, qué rico por Dios, qué suertuda soy, me digo, de tener amigas como **Maria Antònia.** Después me dirijo a la ducha, tomo una duchita bien calentita y me enfundo los pantalones de pana verde que compré la semana pasada en una tienda de deportes de Girona.

Una vez vestida, realizo mis casi cotidianos ejercicios para poner el cuerpo a tono. Cuando termino, recojo las llaves del coche, una nevera eléctrica, la placa solar con su correspondiente batería solar y me dirijo al coche. Dejo los trastos en la entrada, dado que todavía me queda: la mesa grande, los platos de papel, vasos, servilletas, cuchillos, tenedores, adornos que mi querida Maria Antònia ha traído, las cinco botellas de cava y cinco botellas más de vino negro y blanco, Ribera del Duero todos.

Ya en el parking veo llegar el coche rojo de Yolanda (o Sor Longines), que viene a la fiesta desde Sant Sadurní d'Anoia. Esa sonrisa dulce y tierna que me tiene enamorada me aplasta dos enormes besos en la cara y me abraza fuertemente.

—Nenaaaaa, feliz cumpleaños, amorcito. —Se vuelve para el coche y sale cargada con dos enormes bolsas llenas de cosas ricas, sin verlo ya sé que son ricas. Yoli es un amor de persona.

—Nos vamos a poner las botas —le digo al ver tanta abundancia, y nos reímos como dos crías—. Si quieres ve tirando para la cabaña, que yo tengo todavía que cargar el coche.

—No, no, te ayudo.

Arranco el coche y lo dirijo hacia la entrada de la casa, Yoli viene detrás; dejo el motor en ralentí y empiezo a cargar las cosas que tengo en la entrada.

—Voy a por más, que todavía me faltan cositas.

Al cabo de cinco minutos vuelvo a bajar otra vez cargada, lo deposito todo en el coche, que ya va lleno hasta arriba (la mesa, aunque plegable, ocupa mucho lugar) y nos dirigimos hacia la cabaña.

—¿Has desayunado?

—Sí —me dice Yoli—, pero un cafelito no me vendría mal.

—Ah, pues dejamos las cosas en la cabaña y vamos a casa y nos tomamos uno que Maria Antònia me trajo la semana pasada, ¿te *ape*?

—Sí, sí.

Subimos al coche y hacia la cabaña que vamos. Al llegar me topo con uno de mis más queridos y compartidos momentos en Instagram: los rayos del sol que se deslizan a través de los árboles regalando una visión magnífica de la belleza de lo efímero: yo los llamo «mis brillantes», esos que no se pueden comprar ni con todo el oro del mundo, que nutren el alma de quien sabe ver la belleza de las pequeñas cosas. Captar ese momento es un acto mágico para mí, un acto de comunión con la madre naturaleza que me gusta mucho compartir con la gente que me dedica su tiempo. Yoli también queda extasiada ante la magnífica imagen del astro sol.

Descargamos todo lo que llevamos y volvemos al pueblo, a mi casa, a por un rico y sabroso cafecito arábigo.

La fiesta la hacemos al mediodía con una comida, cada uno trae algo para compartir y las bebidas y postre corren de mi cuenta. Hoy vendrán todos: Carlitus, Yoli, Gea, Josep y su mujer Fina, Aubesito, Antonia, Pablo (el señor ingeniero), Maria Antònia, Vincent, Noemí (embarazadísima de su segundo hijo), su marido Lluis y su hijo. Pablo ha sido el encargado de preguntarme qué quiero de regalo para mi sesenta y nueve cumpleaños.

—Troncos, quiero troncos para la cuarta cabaña.

—Vale. ¿Y ya lo has mirado?

—Necesito 32 troncos: tres de 3 metros × 12 centímetros de diámetro, tres de 4 metros × 15 centímetros de diámetro, seis de 2,50 de largo × 12 centímetros de diámetro y veinte de 2,50 de largo × 10 centímetros de diámetro.

La cara del señor ingeniero no se me olvidará en años: me mira con los ojos abiertos al mismo tiempo que suelta una sonora carcajada.

—Joder, niña, qué rara eres, coño.

Y la risa, como siempre que nos juntamos, nos envuelve. La vez que, en la tercera cabaña, coincidieron en una semana Pablo y Yoli y me ayudaron a poner el suelo de piedra fue una semana de aquellas que marca historia. Pablo dormía en la cabaña que solo tenía techo y Yoli durmió en mi casa. Las panzadas de reír que nos dimos fueron memorables. Hubo días en que de tanto reír me dolía el estómago, por favor, qué par de personas más maravillosas.

Bueno, pues para mis sesenta y nueve abriles todos mis amigos me regalaron troncos, los troncos de castaño que se han convertido en la estructura de mi cuarta cabaña.

El bosque es salud mental

Tengo más fuerza que nunca, más músculos que nunca, menos dolores que nunca. Abril de 2025, siete de la mañana, 0 grados fuera, dentro los cristales rezuman lágrimas de agua. Me pongo el poncho de lana y bajo al comedor a encender la estufa de leña y calentarme un té, esta vez de jengibre con limón y miel, a ver si entro en calor. Mientras espero a que el agua hierva, hago unos cuantos estiramientos, mis ejercicios mañaneros suelen durar entre veinte y cuarenta y cinco minutos, me cuelgo de la barra, hago pesas para los brazos, estiro mis cervicales, que las pobres hoy están que crujen. Me apunto en un papel pedir cita en el fisio. Se apaga el fuego, «joder, otra vez». Como ha estado toda la semana lloviendo, tengo la leña húmeda, y detrás del «joder» se me ilumina la sesera: toca hacer un porche para proteger la leña. «Odio pasar frío», farfullo, y comienzo a dar saltos mientras el agua empieza a hervir. Bajo el fuego, añado el jengibre y la cáscara de un limón y un poquito de canela. A fuego lento lo dejo otros diez minutos, mientras me las maravillo para encender la chimenea. Un intento, dos, tres, cuatro intentos y ¡biennn!, por fin lo he conseguido. El aroma a jengibre llena la estancia, que no alcanza ni los treinta metros cuadrados. Tengo una mesita plegable que abro cuando quiero comer en la casa y la coloco justo delante de la chimenea, me encanta comer o cenar viendo cómo el fuego chisporrotea, se levanta, se expande, se alza con mil y un colores que van del rojo intenso al azulete y amarillo, dependiendo del tipo de leña que haya colocado. Me he fijado en que el castaño, aparte del ruido que hace y que hay que tener la puerta de cristal cerrada para que no salte ninguna chispa y la liemos, suele ofrecer un espectáculo de colores más apagados que el roble; este tiene unos rojos preciosos y calienta y dura mucho más que el castaño, pero cojo lo que encuentro por el bosque y de paso lo limpio de ramas y árboles caídos. Este año ha llovido mucho, pero llevábamos tres años de intensa sequía y los castaños caían como moscas. La temporada de castañas 2024 ha sido malísima, cero patatero. Y de pronto este 2025 ha empezado a llover, qué digo llover, diluviar, y ha servido para que los árboles muertos hayan caído más. No quiero repetirme mucho, pero si los burócratas de tres al cuarto que solo ponen el culo en la silla para cobrar y que no tienen ni idea de campo ni de bosque dejaran hacer ese trabajo a los que llevan toda la vida haciéndolo, otro gallo hubiera cantado con el tema de los incendios. Hay un meme muy divertido que corre por Instagram que viene a decir: menos burros en el despacho y más ganado en el campo. Por regla general, el de ciudad en el campo o en el bosque es más tonto que Picio, solo sabe de semáforos, metro, horarios de tiendas, teatro, cine, prisas, estrés, *performances*, tertulias literarias, coches, modas, postureo y poca cosa más. Lo dejas en medio del bosque y la diña.

Menos mal que siempre hay excepciones que rompen con la regla, quizá hijos o nietos de labradores que han preferido la ciudad al pueblo por aquello de ganarse mejor la vida. Conozco a unos cuantos, y todos sin excepción quieren volver al lugar donde nacieron o veranearon en casa de sus abuelos. Normal, **el campo o el bosque son salud, vida, energía**; incomodidad, sí, pero una incomodidad sana. Algunos dirán que es pobreza extrema, dureza. Para mí no, para mí la pobreza no está en la falta de posesiones materiales o comodidades, sino en el espíritu, en priorizar el dinero y lo material a los valores de autenticidad, de esfuerzo, de actitud ante las dificultades. Y la riqueza, para mí, está en poder contemplar la belleza de la vida sencilla, simple, auténtica, llena de actitud, que ofrece la montaña o el campo. ¿Qué es para ti la riqueza? ¿Qué es la pobreza? ¿Calidad o cantidad? ¿Nobleza o bajeza? ¿Verdad o mentira? ¿Salud mental o ansiedad y estrés? Casa, coche, colegios caros, asistenta, comidas en restaurantes que el plato no baja de cien euros, fiestas lujosas, pantallas de televisión que parecen el cine del Savoy, pisos comprados a plazos donde el personal se deja la piel para llegar a fin de mes, pero nadie lo diría, máscaras, máscaras, máscaras y más máscaras para ver quién es el más *cool*. ¿Que el vecino del quinto se ha comprado un coche de gama alta? Pues nada, Pepe, tenemos que cambiarnos el coche nosotros también; celos, broncas, envidias, manipulaciones, jefes y jefas trepas que pisan a los que están por debajo y estos hacen lo propio con los camareros del bar de la esquina, la chica que limpia en la ofi o al que consideren inferior a ellos (a nivel material, claro, porque desde el punto de vista de los valores humanos unos cuantos de estos pobres o inferiores les dan la vuelta veinticinco mil veces). Todos esos nuevos ricos con un gran complejo de inferioridad, por cierto, en el campo o en el bosque sin nada ni nadie que los distraiga de sí mismos, se topan con su sombra y salen corriendo.

6
NATURALEZA Y SALUD MENTAL

El pescador saca del zurrón una vieja sartén y unos ajos que corta con su cuchillo con suma rapidez. Pone la vieja y destartalada sartén al fuego al tiempo que añade un pedacito de grasa que desenvuelve de un viejo y arrugado papel blanco. Al momento, la grasa se deshace y los ajos empiezan a chisporrotear emitiendo un agradable olor que abre el apetito de las dos crías. El pescador se gira cuidadosamente y limpia el pescado sin que las niñas se percaten de ello, y una vez limpio coloca encima de los ajos la carne de la lubina. Y el olor empieza a retorcer los intestinos de ambas crías. Josephine no entiende del todo el ritual de la vida, pero ante la acuciante hambre parece que se va haciendo más comprensible. Angi sigue ensimismada mirando al pescador. De pronto dice muy serio:

–Dadme las manos, vamos a dar las gracias al mar por regalarnos esta lubina y a la lubina por regalarnos su carne, que alimentará nuestro cuerpo.

Los tres se dan la mano y forman un pequeño círculo rodeado por el silencio del momento y amenizado por el suave murmullo de las olas, el crepitar del pescado en la vieja sartén y el suave aroma que desprende y llena los sentidos de las dos niñas y del pescador. Años más tarde, Angi reflexionará sobre este encuentro con la vida y la muerte y cómo algo tan duro puede conllevar algo tan necesario, cómo la muerte de un ser vivo puede alimentar a otro ser, *de facto* es la base de la vida en la naturaleza, algo que a los humanos de ciudad y con toda clase de comodidades nos cuesta comprender.

Para entender el presente hay que mirar el pasado

Cuando abres los ojos por la mañana, ¿qué es lo primero que te viene a la conciencia? ¿Piensas que eres una suertuda por estar viva? Por tener salud, dos manos y dos piernas en perfectas condiciones, un techo que te protege, un plato de comida tres veces al día, una buena duchita con agua caliente en invierno, un medio de transporte por si te hace falta ir a alguna parte o al trabajo; por poder ver, oír, degustar, incluso mear o cagar. ¿Has caído en la cuenta de que todo ello tiene un alto valor que menospreciamos o ignoramos precisamente por ser tan cotidiano que dejamos de tenerlo en cuenta? ¿O eres de los que se levanta y tan pronto pone el pie en el suelo anda ya cabreado porque nada ni nadie hace bien las cosas, porque está todo por las nubes, porque tu jefe es un capullo, porque el tráfico está insoportable, porque no te pagan el sueldo que tú quieres, porque te gustaría hacer tal o cual, pero tus **creencias limitantes** solo te dejan llegar a tener un buen sueldo para toda la vida y ni siquiera se te pasa por la cabeza que hay tantas posibilidades como ideas y proyectos seas capaz de generar? «Tengo un montón de responsabilidades y esta cretina me dice que sueñe y que siga mi corazón. ¿Quién coño cree ella que va a pagar la escuela de los niños, la hipoteca, las vacaciones, la tele nueva, el coche que quiero porque el vecino lo tiene y yo no voy a ser menos...? Menuda *happy flower* es la pava esa...». ¿Eres de los que piensa así? Déjame decirte que el único que se pone límites eres tú, es tu miedo, es tu mente vaga que no quiere romperse los cuernos en encontrar otras maneras de vivir; en definitiva, eres tú quien no quiere ser feliz.

¿Te jode que te lo diga? Pues ya sabes, ajo y agua, y te diré más, al *establishment* le interesa que sigas así, dado que es la mejor manera de exprimirte y venderte todas las restricciones que a ellos se les ocurra para mantenerte esclava, sumisa, obediente y muerta de miedo. Si esto es lo que te gusta, adelante, a mí jamás me gustó. Y déjame contarte que hay familias —en concreto me viene a la mente una que se llama @loslopezporelmundo, a los que puedes encontrar tanto en Instagram como en YouTube— de las que te recomiendo que leas sobre su vida, tienen tres hijos que nacieron en una autocaravana dando la vuelta al mundo, los niños tienen una tutora vía online y los padres los ayudan en sus deberes, es una familia feliz que apostó en su momento por cuidar, mimar, potenciar y expandir felicidad, ese tan cacareado concepto que muchos pretenden alcanzar comprando cosas materiales y con expresiones del estilo: «Cuando tenga dinero seré feliz, cuando tenga una casa grande seré feliz, cuando tenga ese coche que tanto anhelo seré feliz, cuando encuentre a la pareja ideal o trabajo ideal seré feliz, cuando haya acabado de pagar la hipoteca seré feliz», y así *ad infinitum*. Como siempre es un «cuando tenga» proyectado en el futuro y no en el presente, nunca llega, nunca son felices y siempre andan por la vida sin valorar lo que tienen de verdad, que es vida. Y si hay vida, hay soluciones, caminos nuevos, formas distintas de encarar lo desconocido, de aprender de los errores, de empezar siempre de nuevo, de aprender de esos comienzos...

Si eres de los que disfruta sufriendo, vas a rebatir estas

líneas, pero si eres de los míos, vas a encontrar mil y una puertas para salir de ese angosto estancamiento de creencias encargadas de poner palos a las ruedas de tus sueños y anhelos, limitando tu libertad a cambio de una seguridad inexistente. ¿Y por qué digo inexistente? Pues porque nadie, absolutamente nadie puede asegurarte cuántos años vas a vivir, puedes hacer una estimación, pero ni la mejor tarotista del mundo te lo puede garantizar ni predecir. Así que, si tenemos en cuenta que no sabemos cuánto nos va a durar lo que hoy sí tenemos en nuestras vidas, ¿qué tal si apuestas por ti en vez de por la seguridad? Piensa un poco, ¿sabes verdaderamente si mañana te vas a levantar? Yo no, aunque doy por supuesto que no solo mañana, sino que viviré hasta los cien años, pero eso son solo meras suposiciones mías. En conclusión, doy gracias cuando me levanto por lo que sí tengo, y observo mis creencias limitantes, por ejemplo, con el dinero o con aquello de pensar en grande, y de pronto, zasca, tengo consciencia de todos los juicios de valor restrictivos que tengo acerca de pensar en grande. Y esos juicios de valor son los encargados de mermar mi energía, acortan mi respiración y encogen mi musculatura y me hacen entrar en un bucle del que a veces cuesta mucho salir, tal y como he explicado unas cuantas líneas más arriba. Por los comentarios que leo en mis redes sociales observo la enorme desilusión que habita en muchas personas de todas las edades, y esa desilusión no solo es la encargada de mermar nuestros sueños, sino de sumirnos en depresiones camufladas.

¿Has observado si ocurre que a la segunda vez que intentas algo y no te sale, tu autoexigencia te pide que tires la toalla? ¿Crees que el hecho de tirar la toalla es porque te has cansado de luchar? No, lo haces justo porque la desilusión anida en ti desde hace ya muchos años, y es la encargada de que tu respiración sea corta y rápida, y ese es el factor que reduce tu nivel de oxígeno en el cerebro y el encargado de reducir tu nivel de energía tanto en tu mente (cero ganas de conseguir aquello que nos cuesta), como en tu cuerpo, diciéndote cosas como «buf, me quedo en casa viendo la tele y punto, me rindo, no puedo más, no vale la pena, nadie me lo va a reconocer, no puedo, no me lo merezco», o el famoso «¿para qué?». ¿Qué es lo que ocurre de verdad cuando se llega a ese nivel? Pues ni más ni menos que tu nivel de oxígeno en sangre es muy bajito y si nuestro nivel de oxígeno en sangre es bajo, nuestra energía para salir del agujero en el que estamos se va a dificultar mucho. Este es el planeta del oxígeno, ergo todo lo que respira vive y, si no, zasca al hoyo, así de clarito y sencillo. No voy a extenderme en este sentido, pero como experta en el tema durante más de treinta años, te puedo asegurar que, sin el adecuado nivel de oxígeno en el cerebro, nuestras conexiones sinápticas no funcionan correctamente. Y si el tema es de tu interés te recomiendo que busques en san Google la web de Natura Respira: Escola Europea de Respiració y que vayas a su blog. Encontrarás mucha información al respecto e investigaciones de diferentes universidades y del propio CSIC (Consejo Superior de Investigaciones Científicas) del Gobierno de España. Hay un artículo muy interesante sobre la colaboración del Instituto de Biomedicina de Sevilla y el CSIC sobre el alzhéimer que habla justo sobre el tema que te acabo de comentar.

¿Empiezas a entender de dónde saco tanta energía? Adivinaste, mi nivel de oxígeno en sangre es elevado porque mi mochila de memorias emocionales está casi, digo casi, vacía. Y cuando siento o presiento que hay una creencia que me limita pensar en grande, actúo rápido: me siento en 90 grados (¿por qué en 90 grados? Porque es la forma de liberar nuestro diafragma de la opresión de las costillas laterales cuando nos sentamos en *soffing*) y en esa postura sostengo esa creencia que puede ser de miedo, de inseguridad, de tristeza, de melancolía… y la respiro, hondo, profundo, con consciencia y desde la glotis, y le pido a mi mujer sabia que me deje ver lo que no puedo ver ni entender y me quedo ahí, sentada todo el tiempo que haga falta, hasta que siento, bien que he descubierto de dónde viene la memoria, bien que he integrado dicha memoria y «entiendo» que mi mente me ha sacado del presente y me ha transportado al pasado. Pero no estoy viviendo mi presente, sino que mi mente se ha quedado enganchada a la química neural de dicha memoria dolorosa y veo, entiendo, siento y sufro que sentir dicha memoria es mi zona de confort, es lo conocido. Por cierto, lo he definido bien, creo, en un anterior capítulo. Y repito: si estos temas te interesan, ve a la web que te he sugerido unas cuantas líneas más arriba.

Entonces procuro entender **qué beneficio saco de permanecer en ese dolor**, en esa emoción, en mi víctima. A veces me suelen venir a la memoria imágenes de castigo/bronca de mi madre por alguna trastada y rápidamente identifico que el beneficio que mi niña obtenía era la atención. Sí, cuando hacía alguna travesura obtenía la atención de mi madre, que, al ser artista, andaba siempre pintando algo o en su mundo de colores, de donde era complicado sacarla; solo mi padre tenía ese poder, pero él andaba siempre fuera de casa, también diseñando, trabajando y modelando sus obras de arte. Así que tanto mi hermano como yo pasábamos muchas horas con la tata o en el colegio. Y era la tata quien venía a recogernos al cole, o al autobús que nos llevaba de vuelta a casa. Y era ella quien nos hacía el desayuno, el almuerzo, la merienda y la cena, y quien nos acostaba. La adoraba, adoraba a esa mujer venida de un pueblecito de Aragón a trabajar a la ciudad, que se quedó en casa hasta que se casó y formó su propia familia. Ella era quien me consolaba en silencio cuando algo había salido más regulán que regulín y era a ella a quien echaba de menos cuando en verano se tomaba dos meses de vacaciones para ir a ver a su familia. Pascuala, mi tata se llamaba Pascuala.

Vivimos etiquetando

En este punto del relato os diré que no me extraña la atracción que muchas y muchos sentimos por la naturaleza, por volver a los orígenes, por experimentar sensaciones que nos hagan sentir vivos. En una ciudad lo más atrevido que podemos llegar a realizar es pasar un semáforo en rojo, por aquello de la adrenalina, que es la que nos pone en contacto con esa parte tan ancestral nuestra, con esa parte tan vital, la encargada de hacernos sentir VIVOS.

Estoy convencida, por experiencia propia, de que **cuando la mente está tranquila, todo luce otro color.** Incluso aquello que nos desagrada, con la mente en paz, lo vivimos de distinta forma, como si en realidad no fuera tan importante y nos resbalara un poco. ¿Habéis experimentado esto alguna vez?

Según Vincent (el chico que me introdujo al mundo de las redes sociales, más adelante hablaré de él), que es un TDAH como la copa de un pino, todas las personas que encajamos en dicha etiqueta tenemos ciertos rasgos diferenciales; yo prefiero pensar que dichos rasgos son precisamente la manera en que las personas que nos sentimos vivas miramos la vida desde otro ángulo más libre de prejuicios. Aunque ahora que caigo, ha habido épocas, cuando era más joven, en que me sentía más muerta que viva, en que creía que no encajar en la visión ajena era malo. En ese punto Vincent me dice que si hubiera sabido que era TDAH, es posible que me hubiera apoyado en esa diferencia. Yo me parto de risa y le digo:

—Bajo esa regla de tres, el 99 por ciento de la humanidad debe de ser TDAH.

Vincent levanta los brazos en alto, y con mirada relajada y divertida y un suspiro me contesta:

—Ya sé que no te gustan las etiquetas.

—Claro, como buena TDAH que soy. Vincent, corazón, no es que quiera llevarte la contraria, que bueno, sí, un poco, pero si se ponen cajitas a las personas con diferencias marcadas con respecto a lo que se considera normal, solo porque hay una mayoría marcando dicha diferencia, ¿por qué no poner una etiqueta para las personas con ojos verdes o azules? ¿Es que siempre hay que etiquetar lo diferente como ajeno a lo común? ¿Y si lo común fuera una etiqueta? ¿Y si lo raro fueran ellos con esa manía de querer poner etiquetas a todo, de poner cajitas a todo? ¿No ves que lo que quieren es vender productos, pastillas, farmacología? Desde pequeña he sido una niña movidita, hiperactiva, y supe muy pronto que no me hacía falta ningún calmante, sino entender el motivo de semejante hiperactividad. Por eso, empecé a hacer terapia, para conocer el motivo de tanta prisa interna, de una mente tan rápida y ágil. ¿Sabes lo que sí es raro? Que la mayoría obedezca órdenes sin cuestionar nada, que la mayoría no quiera saber de dónde nace algo y se conforme con lo que oficialmente nos venden. Para mí los raros son ellos, que no cuestionan nada ni externo ni interno, para mí lo raro es que no tengan interés por el conocimiento, que prefieran ver una peli, un partido de fútbol o lo que fuere antes que romperse los cuernos en conocer la verdad, en saber qué es auténtico, en querer ir más allá de lo que se ve a primera vista. Para mí lo raro es que se crean que las cosas son para toda la vida y que no se planteen que para toda la vida quizá significa diez minutos, un día o una semana de vida, porque no sabemos nada de nada y todo son suposiciones que creemos que van a darnos seguridad. Pero la seguridad no existe, nadie sabe nada de nada, y aun así bajo esos epítetos nos venden no motos, sino blindados del ejército. La verdad no vende y no se puede hacer negocio con ella, así que no le interesa a nadie, excepto a unos cuantos a los que se les quiere hacer creer que son raros del carajo, y tan ricamente el personal utiliza palabrejas como «neurodivergentes». La cuestión es dividir, ya lo dice el refrán: «Divide y vencerás», y no hay negocio más rentable que el miedo.

Vincent asiente con la cabeza mientras siento cómo su red neural va a mil intentando procesar mi minidiscurso sobre las cajitas que los humanos utilizamos, así que sigo:

—No nos enseñan a reflexionar en el cole, nos enseñan a obedecer, y si no lo haces, zasca, castigo o zapatazo al canto en función de la época y sociedad en la que hayas nacido. Pero fíjate en una cosa: todo aquello que no comulgue con las normas establecidas es ridiculizado, menospreciado, desvalorizado y castigado, y fíjate también que la doble moral del personal es muy curiosa: le exigen al otro lo que ellos no hacen. Conclusión o moraleja, lo que más te apetezca: si eres auténtico jamás vas a encajar en el montón. Y si te sientes mal por no encajar, haz terapia como yo hice en su momento, no para encajar, no para que te quieran o te acepten, sino para aceptarte tal y como eres, para enamorarte de ti mismo, para valorar esa «neurodivergencia» que dicen los que quieren venderte pastillas y encajarte dentro de sus juicios de valor. El auténtico TDAH jamás se dejará encajar así como así, tendrá curiosidad por saber la verdad, romper esquemas justo porque no obedece a la mayoría, justo porque quiere saber qué es esa energía que no le deja comprar la gran peli, la matrix, la caverna de Platón, esa energía que hace que su mente cuestione todo, absolutamente todo, esa energía que lo convierte en diferente, en neurodivergente, en TDAH y no sé cuántas historias más, esa energía que se llama «**la fuerza de la vida**». Sin esa fuerza, no hay vida, hay automatismo, hay conformismo, hay obediencia, hay miedo. Fíjate en los ojos de las personas, Vincent, dime qué ves».

Vincent se queda unos instantes callado, cierra los ojos y presiento que por su mente están desfilando un montón de imágenes. Un par de respiraciones más y de pronto, con los ojos cerrados todavía, dice pausadamente:

—Tristeza, veo mucha tristeza.

—Exacto, mucha tristeza, miedo, dolor, desconfianza, y todo ello revierte en tres palabras que están muy de moda: ansiedad, estrés, desconexión. Pero en una cosa estoy de acuerdo contigo, resulta que si en vez de sostener la emoción encargada de hacerme correr desesperadamente para no sentirla, voy y me tomo una pastilla que lo pone todo en su sitio, me ahorro mucho tiempo y me ahorro lo más importante: SENTIR aquello que hace que corra desesperadamente, pasar por donde no quiero volver a pasar.

»Bueno, es lo que te he dicho antes, si tomo el camino fácil y rápido soy igual a aquellos que quiero que me acepten por rarilla, ¿no te parece muy rebuscado el tema? Sin embargo, **si averiguo qué emoción es la que me hace correr, la sostengo y la respiro, puedo ir más allá de dicha emoción, ergo soy libre** de decidir si me quedo en el papel de víctima y salgo por piernas con consciencia de lo que estoy haciendo, o me tomo la pasti y me quedo tan ancha, hasta la siguiente dosis. Lo más seguro es que al cabo de un tiempo tenga que aumentar la dosis porque mi cuerpo se habituó y ya no hace el mismo efecto. En mi caso tengo muy claro que mi mente necesita estar en constante movimiento, y si ello no sucede, se repite una memoria de dolor. Para escapar del dolor cuando era pequeña, mi mente se volvió adicta al movimiento, y este nos distrae de lo que estamos sintiendo. Por ejemplo, ¿nunca has experimentado que cuando estás preocupado por algo y hablas con alguien, sales a pasear o ves una peli, resulta que eso que sentías ha desaparecido? Pues eso es lo que siento cuando una vieja memoria quiere instalarse en mi presente, voy a la cabaña y me lío a trabajar físicamente, y al cabo de diez minutos la paz vuelve a reinar en mi mente. Y esa consciencia la he adquirido gracias a insistir en saber qué estaba pasando conmigo y no conformarme con un dictamen que me encasilla y me deja dependiente de un fármaco. Y sí, acepto que soy adicta al movimiento, y justo porque lo acepto puedo sostener esta adicción y no dejarme atrapar por ella. Tronquito, cal, arcilla, paja y mortero que van bien al tejado y bien a la pared, y mi salud mental, emocional y corporal están *the best*. Esa es la fuerza que tiene para mí, trabajar en mi cabaña, y aprender, porque aprender es la medicina que mi mente requiere, la dosis que mi enorme curiosidad solicita, la que hace que mi adicción tenga una dirección positiva para mí. ¿Puedes entender esto? Y si quieres que afine más, te diré que prefiero ser adicta a mí misma que adicta a algo externo como son las pastillas.

—Entiendo —dice Vincent—, pero yo prefiero la solución de las pastillas mientras busco hacer terapia como tú dices.

—Yo también te entiendo, Vincent, pero siento que, si hiciera lo que tú, me estaría perdiendo muchos matices que solo se pueden aprehender si nos atrevemos a experimentar la vida en todas sus facetas, sin atajos. De todas formas, tengo que reconocer que, en los peores momentos de mi vida, si hubieran existido esas pastillas, es muy probable que las hubiera tomado, es muy probable que hubiera escogido el camino más corto. El camino que yo he recorrido de agradable no tiene nada.

Vincent se me queda mirando y tras un leve parpadeo de ojos dice:

—Sabes que no das la sensación de ser alguien que lo pasa mal, ¿verdad?

—Sí, lo sé, pero es que a las penas puñaladas; además, siempre he sabido que al final del túnel hay luz, es decir, que nada es para siempre ni para nunca, que todo es relativo. Lo aprendí de muy joven; tenía trece años y por puro placer hacía de pasante de un escritor y poeta vecino del barrio; él vivía unos números más arriba de la Via Augusta de Barcelona, y yo, justo delante de Jardinets en Gràcia. Solía ir a la Granja Maldà, muy cerca de la conocida galería de arte Grifé & Escoda, ya desaparecida, donde mi tío tenía una exposición casi casi permanente. Un día de invierno, mientras volvía de tomar un chocolate con melindros y justo a la altura de la tienda de ropa de Gonzalo Comella, que por cierto me pirraba, me topé con dicho escritor. No recuerdo su nombre porque solía llamarlo señor De las Heras, pero se me quedó grabada para siempre la escena siguiente: «Buenas tardes, señor De las Heras, qué gusto verlo por aquí, el miércoles por la mañana si quiere puedo ir a su casa a recoger más material, ¿le parece?». Él respondió muy educadamente: «Buenas tardes, mi querida amiga, ya sabes que siempre que te acompañe tu madre serás bien recibida en mi casa; por cierto, tengo un manuscrito perfecto para ti. ¿Te parece bien venir sobre las diez de la mañana?». Carraspeé un poco, pues ese hombre me imponía mucho respeto, y contesté: «Será un gran placer para mí, preguntaré a mi madre si a ella le va bien ese horario». «Perfecto», respondió lacónicamente, y tocándose el ala derecha del bombín en un gesto de despedida desapareció Via Agusta arriba. Cuando todavía no había dado cinco pasos y yo giraba hacia el lado opuesto al suyo, vi cómo se paraba en seco, giraba sobre sus talones y se acercaba a mí. «Mira, te lo tengo que decir, me gusta mucho cómo trabajas y las poesías que me mandas para que yo las corrija, pero lamento decirte que están carentes de alma; las palabras son perfectas, se nota que las buscas en el diccionario, las rimas son muy ocurrentes, está muy trabajado todo, pero... tus poemas adolecen de profundidad. Es normal, eres muy joven, así que, si a ese trabajo le añades tus reflexiones más íntimas y te atreves a desnudarte delante de un papel en blanco, estoy seguro de que puedes llegar a ser una gran poetisa o escritora. Sigue así, y nunca, nunca y bajo ningún concepto, tires la toalla. Cada piedra en tu camino es una puerta directa a tus catacumbas. Descúbrelas, relaciónate con ellas sin quedarte atrapada, y luego, escribe, vomita todo en un papel, ¿me has entendido?». Solo atiné a decir que sí, pero no entendí nada, lo que sí vi en sus ojos fue una gran pasión que no dejaba traslucir ni siquiera en sus gestos, claro que yo en aquella época de esas cosas no tenía ni idea.

»Muchos años más tarde, cuando empecé a dedicarme al periodismo científico, fue cuando empecé a entender el significado de sus palabras. A mis textos les faltaba alma, profundidad, así que quizá, y solo digo quizá, no es ni fue el TDAH lo que me hacía diferente a los que me rodeaban, sino lo que ese hombre vio en mí: el alma de alguien que mira la vida con una mirada inquieta, curiosa, abierta, valiente, el alma de una «poeta de la vida», como me dijo alguien muy querido por mí años más tarde.

»Siento que esa alma es la que corteja todos los días los tronquitos de la cabaña, las piedras que encuentro para construir las paredes, la fuerza y vigor que me regala el simple hecho de ir a por agua o descubrir que puedo enchufar un ventilador a mi batería, ja, ja, ja.

En ese giro inesperado, muy típico en mí para quitar peso a las frases o conceptos profundos y relativizarlos, Vincent y yo rompemos a reír fuertemente, como si ambos nos hubiéramos encontrado en esa esquina invisible del reconocimiento mutuo de almas que hablan el mismo idioma.

Las consecuencias de ser diferente

Después de estos dos años de entrega total a mi sueño, soy muy consciente del inmenso **valor terapéutico** que la cabaña o, mejor dicho, el aprendizaje de hacer cabañas bushcraft ha aportado a mi vida, a mi salud mental y a mi cuerpo serrano. Sobre todo a este último: pedazo brazos con musculitos tengo, fortaleza interna y externa, consciente de mi presente diario, canalización y focalización de mi energía, y sobre todo una vitalidad que parece no acabarse. Como ya os he dicho antes: tengo más energía a mis setenta que a mis treinta. Te explico: cuando nuestro patrón de conducta bombardea nuestro presente, es decir, cuando la víctima toma las riendas de nuestra vida, ese constante dolor que siente la víctima son palos en las ruedas de su vida, que boicotean tanto su vitalidad como su constancia, su perseverancia, su amor a sí misma y a los demás, y sobre todo sus ganas de vivir, ahí es donde muchos tiran la toalla y se quedan muertos en vida: ojos apagados sin brillo, amargura en la sonrisa, envidia en la mirada si se encuentran con alguien que sí es feliz y encima con poco, y desconfianza en el proceso de vivir.

Cuando descubrí que mi patrón emocional era el rechazo fui consciente de que ese rechazo provocaba en mí desgana, tristeza y la pregunta de ¿para qué sirve esforzarme? Me despertaba todas las mañanas con esa especie de miedo que contiene cada una de dichas emociones, como por ejemplo **sentir que nunca nada de lo que hacía era suficiente para merecer cariño, aceptación o reconocimiento.** Seguro que a más de una le resuena, ¿verdad? Desde que recuerdo (y recuerdo mucho), para no sentir ese dolor que tanto ha costado aprehender, corro, hago y hago y rehago, me exijo más y más y más, la meta, el objetivo es —me dicen— obtener el reconocimiento, eso siempre me lo decía mi terapeuta de Gestalt a mis treinta años —por Dios, cuánto tiempo ha pasado—. «No es verdad», le respondía yo para mis adentros. Y como siempre he sido una devoradora de libros que me aportaran conocimiento, solía responderle de viva voz que la energía sin control sirve de bien poco, aludiendo a su discurso sobre el objetivo y la meta. Claro que, si no tenía ni puñetera idea de a dónde ir, ¿cómo carajo iba a encontrar la puñetera meta y el cacareado objetivo?

Años más tarde y a la vuelta de la India aprendí a **sostener mis miedos.** ¿Cómo se hace eso? Con paciencia, mucha paciencia, y con consciencia de qué quieres conseguir, la meta y el objetivo, que me decía mi terapeuta. Y la técnica que aprendí y desarrollé en la India es parar para callar y, al sentir el miedo o la emoción que sea, sostenerla en vez de salir corriendo. Por salir corriendo quiero decir despistar con una peli, unas risas, una conversación, un abrazo de un amigo, cualquier cosa que nos ayude a dejar de sentir dicha emoción. Cuando aprendí a sostener la emoción descubrí que el miedo que sentía en realidad era una profunda desilusión, una traición grabada a fuego en mi mente y en mi corazón de un momento épico de mi vida, algo muy personal que no tiene cabida aquí, pero que seguro que se parece a las heridas que muchos de vosotros también arrastráis, porque ninguno dejamos de ser nunca, en realidad, niñas y niños heridos.

El caso es que a lo largo de mi vida y en especial cuando era más jovencita, me rechazaron tantas veces que se convirtió en mi patrón de conducta a lo largo de todos estos años; hiciera lo que hiciese siempre tenía que reproducir la traición, el rechazo y la desvalorización a mi manera de ser, a mi manera de entender la vida, a mi manera de vivir, a mi manera de sentir, ser, estar y contribuir socialmente hablando. Me di cuenta de que reproducía estas emociones en todas las formas vividas por mí: las personas, los proyectos, las ideas, todo terminaba reproduciendo el macropatrón de la traición con sus microrreproducciones: rechazo, desvalorización, sinsentido, tristeza… por no encontrar el encaje en una sociedad que era ajena a mí y yo a ella. Todo parecía estar en mi contra, y para no sentir tanto dolor, todo lo pintaba de colores: me caía, me levantaba, me caía y me volvía a levantar para volver a caer. Encontraba explicaciones de toda índole, que si me habían hecho un mal de ojo, que si al no ser como los demás los dioses me castigaban (igual que en casa), que si mala suerte, que si terapia... Un día sentí tan terriblemente certero el hermoso refrán que reza «No hay mal que por bien no venga» que empecé a analizar ese mal que me convertía en víctima sin yo tener consciencia de la energía en la que me movía y que negaba a cada instante. ¿Para qué lo niego?, me pregunté, para no sufrirme, contesté, y volví a reflexionar: pues para no querer sufrir lo estás haciendo constantemente a través de las creaciones que realizas. ¿Creaciones?, volví a preguntarme. Sí, creaciones, ¿has analizado qué emociones hay detrás de cada desilusión, de cada proyecto que no sale, de cada rechazo que recibes, de cada persona que no te valora? Dime, ¿lo has hecho o haces? Me quedé pensando y no, la verdad es que lo único que sentía era el dolor de sentirme rechazada, ignorada, desvalorizada y catalogada de loca, de intensa, de rara, y ese dolor me generaba rabia, frustración, odio. Silencio, mi mujer sabia calla y yo me quedo pensativa. ¿Cuándo fue la primera vez que me sentí rechazada por mi manera de ser? De pronto mi cerebro me regala diferentes situaciones en las que siento una punzada terrible en el estómago, casi casi una arcada, y mis ojos inundados de lágrimas: cinco escenas que ocurrieron en mi pasado se sobreponen una encima de la otra, cinco escenas en las que el denominador común es el rechazo a mi energía por mi propia familia, esa fuente de la que se nos dice que sin ella estamos desprotegidos, esa nutrición que alimenta a todo ser vivo: el grupo, la familia, el núcleo, el otro, los otros, la fuerza de la unión... ¿Dónde quedaba eso en mi persona? Me odiaba y los odiaba.

En mi mente se fue formando una especie de escalada rabiosa en la que de pronto surgió la frase: pero ¿quién coño os creéis que sois para rechazarme? Y acto seguido mi mujer sabia dulcemente me espetó: ¿estás segura de que son ellos los únicos en rechazarte? **¿No será que tú también los rechazas a ellos y, ya de paso, te rechazas a ti y por ende no soportas que lo hagan porque son el espejo en el que se refleja tu autorrechazo, tu autosabotaje?** El llanto se corta en seco, el grito se ahoga en mi garganta y el estupor anida en mi expresión facial. Sí, querida, aprendiste a rechazarte y por ende a rechazar, esto es un empate. ¿Quieres decir que, si los acepto, ellos me aceptarán? No, ellos son como son, con sus heridas a cuestas, tú eres la que sí puede tomar decisiones como, en vez de rechazar, aceptar, y al aceptarlos indirectamente te estás aceptando a ti misma, con lo que cuando los veas, verás su herida y tu herida, los aceptarás y te aceptarás, y al hacerlo ya no te molestará ver aquello en el otro que no quieres ver en ti. Deja que el otro sea en función de sus memorias, en función de sus heridas, en función de su víctima, tú sal de ahí y en cuanto lo hagas, cada vez que generes una situación de rechazo, ya sabrás y no entrarás a saco, no te dolerá, tu víctima no tendrá alimento y podrás focalizar tu energía hacia donde realmente quieres sin que te importe lo que digan los demás. Llegará un día en que cambiarás el foco de tus proyectos, tus amistades, tu entorno, y en que tu energía vibrará en el presente y no en el pasado, vibrará en el enorme poder que tienes, en esa maravillosa energía limpia de autosabotaje, limpia de expectativas, limpia de victimismo, todo lo que te rodee estará en el mismo nivel que tu vibración, habrá coherencia entre lo que piensas, dices y haces.

Empezaba a entender qué me estaba diciendo mi mujer sabia, y le pregunté: ¿quieres decir que si mis creencias cambian mi nivel vibracional también? ¿Que si me amo a mí misma, me acepto y me valoro, esa energía es la que voy a proyectar a mi alrededor? Silencio, un silencio suave, lleno de ternura, lleno de comprensión, de empatía, de bondad, de paz, de una plenitud nunca antes vivida, excepto en una ocasión en que probé con un amigo el peyote en la India y noté que unas pequeñas gotas rodaban lentamente por mis mejillas, que el corazón se ensanchaba, como si de pronto todo lo que no había tenido sentido lo cobrara de golpe; nada de lo que había vivido era en balde, nada de lo dolido o creído era inútil. Tuve consciencia de que el simple hecho de sostener la memoria de la herida sin entrar en pánico, sin luchar, sin huir, era la clave y la llave para que mi consciencia sintiera que aquello que estaba experimentando era la trampa de la que tanto cuesta salir. En inglés hay una palabra que yo adoro: *awareness*. Eso era lo que estaba experimentando con mi *alter ego* / mujer sabia en esos íntimos e intensos soliloquios a los que era asidua. «Piensas mucho», me solían decir las personas que me rodeaban, y dichas palabras contenían un muy sibilino mensaje de rechazo a mi manera de ser. Con los años averigüé que esos comentarios representan la forma en que **la mayoría no quiere enfrentarse a lo que no les gusta,** es el rodeo que dan para no sentir que su alma les está pidiendo otra cosa que ellos no se atreven a llevar a cabo, les da pavor sentirse fuera del grupo, es una especie de querer y no querer, algo así como **quiero ser libre pero no quiero pagar el precio que tiene la libertad, quiero sentirme aceptado, valorado y amado.** Pues bien, mientras todo esto no lo consigamos por nosotros mismos ante nosotros mismos y por nuestra manera intrínseca de ver y sentir la vida, viviremos en piloto automático con el corazón roto, el alma partida entre lo que queremos y lo que debemos hacer para que el grupo (la familia, la sociedad) no nos rechace. Y claro, la amargura que ello conlleva es la base de la envidia, es la base del si yo no puedo ser feliz, tú tampoco, es la base de la mayor pobreza que para mí hay en el mundo: la pobreza espiritual y la necedad.

El poder de crear

Nunca me ha dado miedo el trabajo si lo que obtengo es conocimiento y aprendizaje, y si encima puedo ganar dinero con ese conocimiento y aprendizaje, pues aquí paz y después gloria. Pero gracias a las cabañas soy **consciente del poder del trabajo físico, de los beneficios del trabajo físico, tanto a nivel emocional como a nivel corporal.** ¿Queda claro que estoy hablando de trabajo consciente, de trabajo amado, de trabajo deseado? Si ese trabajo no es una imposición por nacimiento o por necesidad (que hace que lo aborrezcas) deja de ser trabajo para pasar a ser placer. En mí he descubierto que ese hacer corporal, que a muchos les parece duro y poco femenino, es precisamente **la canalización de mi fuerza de vida, de mi alegría, el motor que hace que me levante preguntándome: ¿hoy qué toca hacer?** Es el puro placer de hacer por hacer, de perderse en el tiempo sin tiempo, de reconocer mi verdadero *tempus* corporal y emocional y no el tiempo que siempre se acaba midiendo por resultados monetarios. Me encuentro muchas veces que tanto periodistas como algunos seguidores suelen preguntarme: «Y cuando termines la cabaña ¿qué vas a hacer? ¿Alquilarla, venderla?». ¿Cuando la termine? Si amas algo, jamás lo terminas, lo que haces es transformar o mejorar. ¿Y si te la quitan? ¿O si se incendia? O... estoy esperando al listo que me pregunte «¿y si te cae un meteorito?»; una vocecita responde por mí «¿y si te callas la boca?», pero cómo vamos a ir bien con tanto cenizo suelto por el mundo...

¿Se puede entender vivir el gusto y el placer que conlleva todo proceso? El final es lo que menos me interesa, dado que una vez que ha terminado el proceso, se toca techo y ahí el aprendizaje se corta. Adoro el proceso de las cosas, todo proceso conlleva un aprendizaje y depende de uno mismo que dicho aprendizaje sea fructífero o no. Para mí el fruto está en el propio proceso, aprender a sostener y vivir un proceso es de por sí el propio fruto de dicho proceso, y según lo vivamos podremos prever el resultado final.

Una de las bondades que me ha regalado el proceso de aprendizaje del proyecto de la cabaña es precisamente vivir y convivir en un mundo que habitaba en mí desde muy pequeña, pero que estaba dormido por la cantidad de eso no se hace, aquello no se toca, lo otro no se dice. Creo que, en el fondo de todos nosotros, unos más que otros, habita todavía el recuerdo de una vida vivida en total libertad, pues hemos nacido libres. Entonces, ¿por qué nos quieren restringir la libertad? Porque nos quieren exprimir como a limones, me responde una voz que viene de lugares olvidados. Nos quieren esclavos, pues libres no somos productivos para los tipos listos que habitan este planeta. ¿Cuántas tribus quedan en libertad hoy en día? No sé ni si quedan, lo voy a investigar. Soy de las que piensa que las comodidades tienen gato encerrado y el gato se llama control.

Y como a mí eso del control nunca me ha gustado, defenderé hasta el último aliento que mi vida es mi vida, siempre y cuando no perjudique a nadie, que nadie se invente, en nombre de vaya usted a saber qué, que mi forma de vivir puede perjudicar a otro, porque por ahí no paso. En resumidas cuentas, lo mejor es no convivir con la manada que siempre cumple las normas y es altamente obediente, porque claro, es más fácil seguir las normas que generar una misma las suyas propias. Y aquí, en este punto no voy a perder mi valioso tiempo con nadie que opine y que obedezca sin razonar previamente. Seguir las normas significa no tener que pensar, y si algo sale mal, la culpa (este tipo de personas siempre utiliza la palabra «culpa» en vez de «responsabilidad») la tiene quien dio la orden. Como escribió Unamuno en un artículo en 1906: «Que inventen ellos», refiriéndose a Europa.

¿Sabíais que existen diversas tribus alrededor del mundo que viven de manera autónoma, sin seguir muchas de las absurdas normas que nos hemos inventado? Algunas en aislamiento voluntario y otras en comunidades con estructuras sociales propias. Entre ellas, se encuentran los awá, ayoreo, kawahiva y yanomami en la Amazonía, también los jarawa y los sentineleses en las islas Andamán. Otros grupos que mantienen formas de vida tradicionales son los dongria kondh en la India y los piaroa en Venezuela.

En la Amazonía hay varios pueblos no contactados como los awá, ayoreo, kawahiva y yanomami, ubicados principalmente en Brasil y Perú, que han optado por no tener contacto con la sociedad mayoritaria. Son muy inteligentes.

Los **sentineleses** habitan la isla de Sentinel del Norte, en el océano Índico. Son conocidos por su hostilidad hacia los extraños y su aislamiento. Bravo, sigan así, por favor.

Los **jarawa** es otro grupo que vive en las islas Andamán. También han mantenido su aislamiento, aunque han tenido algunos contactos con el mundo exterior. Ay, cuidadín, cuidadín con el llamado mundo exterior.

Piaroa, esta tribu, que vive en el río Orinoco en Venezuela, se caracteriza por su organización social igualitaria y anárquica, sin gobierno ni Estado. No dejen entrar a los llamados civilizados.

Los **dongria Kondh**, ubicados en la India, han luchado por proteger su territorio y forma de vida frente a la expansión minera. Fuerza, les mando fuerza para que sigan protegiendo su territorio.

Es importante destacar que existen muchos otros grupos indígenas que viven en diversas partes del mundo, manteniendo sus tradiciones y cultura, ya sea en contacto con la sociedad mayoritaria o en relativa autonomía.

El bushcraft tiene **la magia de sanar mi alma y mis viejos dolores emocionales.** La cabaña es mi gran maestra, con ella he aprendido y aprendo no solo cosas de construcción, de orientación, de calidad de tierras, de maderas, de materiales como la arcilla, la cal, de encajes en los troncos sin usar clavos, de cómo hacer una puerta o las ventanas o cómo colocar el tejado sin hacer una bañera en él (como en la tercera cabaña), del silencio del bosque, de cómo reconocer un mirlo hembra de un macho, del *tempus* que no tiempo que tiene la naturaleza, tan ajeno él al ritmo de nuestra mente. Precisamente este ha sido para mí el gran aprendizaje. Un aprendizaje que tiene mucho que ver con mi hiperactividad o, como dice Vincent, mi TDAH. Líneas más arriba ya os he contado que lo primero que descubrí con la construcción de las cabañas es que, si yo daba al proyecto 10, la cabaña me devolvía 10, y si yo no hacía nada, la cabaña se quedaba igual que el día anterior; no dependía de que le cayera bien a alguien, o de que alguien viniera a ayudarme; dependía única y exclusivamente de mí, de mi total o parcial entrega. Esa sensación de total responsabilidad para conmigo misma, para con mi sueño, me puso en contacto con la sensación de LIBERTAD, no dependía ni de nada ni de nadie, solo de mí misma. Eso es BRUTAL, EXCELSO, no tengo palabras. La primera vez que sentí dicha emoción acabé llorando como una magdalena, a moco tendido, vamos.

Sentí lo mismo a finales del año pasado, cuando por

un descuido mío me hice un corte profundo con una gubia y acabé con tres puntos en el muslo izquierdo. Ahí tuve que parar un mes entero, un mes sin poder hacer prácticamente nada de esfuerzo (más adelante os lo cuento). Creí morir, mi perseguidor interno, íntimo amigo mío desde que tengo memoria, me agarró de las tripas y me apretujó la emoción más poderosa que siempre ha habitado todos mis gestos, mi respiración, mis neuronas, mis quereres y mis haceres: el miedo a morir, agazapado en el subconsciente y tiñendo de ácido ribonucleico mis sinapsis desde el mismo día en que nací. Sí, tal cual, nací medio muerta y por cesárea, y se incrustó en mis células el sabor agridulce de la muerte, ese instante donde nada es todo y el todo bien podría ser la nada, justo lo que los yoguis llaman el momento entre la vida y la muerte, entre el inhalar y exhalar. Si se traspasa ese umbral, todo cobra sentido. La cabaña me ha regalado la consciencia de mi TDAH, de mi hiperactividad, la consciencia del cómo es que no podía estar quieta, de qué ocurría cuando estaba quieta. Al estar quieta todo se convertía en un bucle de renacimiento y muerte, donde la respiración se cortaba y todo el organismo estaba en máxima tensión.

Recuerdo una frase que venía a decir más o menos: «Siempre me he vivido desde mi lado derecho, desde la acción, desde el movimiento, desde el corre, corre, que te pillo, para no sentir la sensación de vacío, de muerte, de derrota, para no sentir que me han vencido». Creo que en ese punto estamos muchas y muchos hiperactivos, somos un buen puñado a los que nos da miedo parar y que, al hacerlo, el estómago se nos cierre y sea como caer desde una azotea al vacío. Justo cuando estamos a punto de chocar, la mente hace un repliego y zas, sale en nuestra ayuda con algo que nos ha distraído de esa caída en picado.

Ahora me puedo permitir el lujo de sentir que me han vencido, y lo sostengo desde mi lado izquierdo, la feminidad, el cariño, el respeto, y lo respiro, sostengo el miedo que me da sentirme vencida, sostengo el inmenso miedo que me da saber que no hay nada por más dinero que se tenga (quizá por eso los millonarios se suicidan), por más amigos que una tenga, no hay nada, y quedarse en esa nada es altamente femenino, cuando aceptamos que no hay nada encontramos todo. Así pues, mi nuevo trabajo es aceptar y sostener la emoción que me genera SABER que no hay nada, absolutamente nada, y construir desde ese saber que no hay nada, en vez de construir desde la huida de la sensación de que no hay nada. No sé si me explico. Siento que es tiempo de parar y sostener, de parar la acción emocional y sostener la emoción, para que cuando volvamos a empezar la acción no partamos desde la huida, sino desde la consciencia de que el movimiento que queremos llevar a cabo nace de lo más profundo de nuestro corazón y no del miedo. Cuando tenemos consciencia de esa nada es cuando encontramos lo que nuestra alma lleva años susurrándonos al oído, quedito, muy quedito, tan quedito que no podemos darle crédito y creemos que es normal y natural nuestra hiperactividad, nuestra huida, nuestro corre, corre, que te pillo... Llegar a este punto produce mucha paz y mucha serenidad, y creo, incluso, que produce en la comisura de los labios una leve sonrisa al más puro estilo de la Gioconda. No hay nada, hagas lo que hagas, no hay nada de lo que crees tener, ni éxito, ni fama, ni dinero, ni pobreza, ni... Todo está en nuestro ácido ribonucleico, y sin embargo, cuando lo entiendes, es cuando puedes sentir que en esa nada habita el todo.

Puedo decir que el proyecto de la cabaña ha parado mi huida y le ha dado dirección a mi enorme energía.

7

DE ANÉCDOTAS, ACCIDENTES Y ESCENAS DE MRS. BEAN

Con gesto ceremonioso el pescador corta en tres partes la lubina y ofrece a las niñas el resto del pan y queso, saca del viejo zurrón una bota de vino y le da un trago largo. Acto seguido le hinca el diente a la tierna carne de la lubina, exhalando un ligero sonido de placer ante aquel delicado manjar. Las dos niñas imitan al pescador y los posibles reparos que parecía tener Angi al principio desaparecen, dando paso a una voraz sensación de hambre. Josephine no se queda atrás y por unos breves minutos sus remordimientos por la lubina se esfuman también. Angi recuerda a su madre diciendo aquello de «el pez grande se come al pequeño», algo que ella no acababa de entender y en este preciso instante comprende. De pronto exclama:

–Ya entiendo qué quiere decir que el pez grande se come al pequeño; nosotros somos el pez grande, ¿verdad?

El pescador se atraganta con la reflexión de aquella mocosa y le dice suavemente:

–Sí, así es.

Entonces la cara de Angi cambia y su entrecejo se arruga.

–Entonces, ¿esto quiere decir que si ahora aparecen unos gigantes se nos pueden comer?

El pescador vuelve a carraspear «caramba con la niña», se limpia la boca con la manga de la camisa azul a cuadros y espeta:

–Eso parece, chiquilla, pero no temas, aquí no hay gigantes.

Historia de la cuarta cabaña: la tomadura de pelo con los troncos

El día después de la fiesta de mi sesenta y nueve cumpleaños, de la que ya os he hablado antes, fui directa al aserradero a por troncos para la cuarta cabaña. Escogí uno por uno haciendo hincapié en que quería ser yo quien quitara la corteza de los troncos. En total 32 troncos: tres de 3 metros × 12 centímetros de diámetro, tres de 4 metros × 15 centímetros de diámetro, seis de 2,50 metros × 12 centímetros de diámetro y veinte de 2,50 metros × 10 centímetros de diámetro. Todo perfecto y bien supervisado. Pagué 650 euros más el transporte, 80 euros, así que la base costó 730 euros.

Dos días después me los trajeron al terreno. Tenía mis dudas de que la camioneta pudiera subir, pero lo hizo. Con una grúa fue soltando los troncos mientras yo los iba apilando: los de 2,50 a un lado, los de 4 metros a otro y los de 3 a otro. Tres montoncitos.

Todavía, un año más tarde, recuerdo con emoción la venida de mis colegas de trabajo, me refiero a los troncos, jamás había visto tanto tronco junto (recordad que soy hija de una gran ciudad), jamás había tenido y tocado tan de cerca la vida en su máxima expresión. Sí, sí, lo estoy romantizando, lo sé, pero cuando sientes que algo te da vidilla, te da energía, te da sentido, te da valores y te da fuerzas..., ¿qué haces? Lo romantizas, ¿verdad? Al menos eso veo que hace la gente con sus parejas, se vuelven tontos igual que yo con mis tronquitos y mis piedras y todo lo que estoy descubriendo a los setenta años. A veces suelo decir: «Setenta años para enterarme de qué va la vida. Ahora necesito otros setenta para poner en práctica lo aprendido». *Pas mal*, ¿verdad? Bueno, a lo que iba, a la semana de haber llegado los tronquitos me puse a quitarles la corteza y empecé a fijarme en que eran muy viejitos, mucho más de lo que yo recordaba haber escogido. Y como anteriormente ya había intentado tomarme el pelo otro aserradero, me dije: «Ay, neni, que te la han vuelto a dar con queso». Siempre topando con el mismo tema: soy mujer, mayor, sin puñetera idea de nada, urbanita y quiero hacer yo sola una cabaña en un terreno sin luz ni agua. No me toman en serio y lo veo en sus sonrisas de machotes ellos y de incrédulas ellas. Y en muchos comentarios en redes sociales hechos tanto por mujeres como por hombres, asegurando que eso yo sola no lo hago. En fin, las proyecciones de algunos humanos..., si supieran que cada juicio de valor que hacen habla más de sus carencias y limitaciones que de la persona a la que juzgan, callarían como bellacos. Te suena ese dicho que dice: «Lo que Pedro dice de Juan, habla más de Pedro que de Juan». Pues eso.

Total, que efectivamente me endiñaron los troncos más viejos que tenían. Más tarde entendí por qué; primero porque creyeron que yo no lo notaría, pero resulta que esta mujer de ciudad que no se entera de nada siempre antes de hablar se ha informado, que para eso está el preguntar. Resultó que los troncos, a medida que les iba quitando la corteza, dejaban al descubierto los caminitos de la carcoma. Jamás había visto un gusano de carcoma, sus agujeritos sí, en los muebles, pero no en un tronco. Empecé a flipar, algunos eran enormes y de color amarillo y tuve que rebajar muchos troncos hasta llegar a donde la carcoma no hubiera hecho de las suyas. Tengo un muy buen amigo, Carlitus, ingeniero agrónomo y mi maestro que me ha enseñado muchas cosas del bosque, a diferenciar un roble de una haya y de un castaño y de un abedul, y los pinos (no todos los conocía); me ha enseñado a reconocer plantas, las diferencias entre tierras y terrenos, a cómo cultivar el huertecito, a utilizar la motosierra, mi primera Stihl 170 me la trajo él, y el resto, lo he ido averiguando metiendo la pata, que es una de mis mejores habilidades. Bueno, pues cuando llamé al propietario del aserradero para quejarme, la respuesta de su mujer fue: «Es que tú ya los querías viejos». «No, señora», respondí, dije que quería cortar yo la corteza, no que los quería viejos. Claro, si corto yo la corteza, el precio del tronco es mucho más barato que si me dan la pieza limpia de corteza. Vamos, que aquí tonto el último. Al principio pillé un buen rebote, luego entendí que, igual que metía la pata haciendo mi cabaña, comprando material iba a suceder lo mismo. Así que ahora nadie puede tomarme el pelo, sé diferenciar muy bien un tronco viejo de uno verde y de uno madurito, e incluso por su duramen puedo averiguar cuán viejo o cuán joven es. Y me resulta un mundo superinteresante, lleno de matices desconocidos por alguien de ciudad, incluso de pueblo, dado que para reconocer las diferentes formas, usos y costumbres del bosque hace falta mucho más que haber nacido en el mundo rural, hay que haber nacido en el bosque, haber nacido y vivido del bosque, tal y como hacían antaño nuestros antepasados.

Cada cabaña es un grito: «Ole mis ovarios»

Después del accidente de la gubia que me tuvo postrada cuatro semanas sin poder hacer esfuerzo alguno, el primer día que pude ir a la cabaña sentí cómo las lágrimas se asomaban a mis ojos. Recuerdo que vino mi amigo Carlitus y me llevó en su coche, yo aún no podía conducir, el miedo a que se me abriera la cicatriz y tuvieran que volver a coser la herida hizo que me estuviera bien quietecita.

Era una mañana espléndida de principios de febrero de 2024, con un solecito que les sentaba muy bien a mis huesitos. Carlitus me ayudó a bajar del coche, nos quedamos un rato los dos en silencio, escuchando los sonidos del bosque, del murmullo del viento escurriéndose entre las hojas de las encinas. La estructura de la cabaña lucía orgullosa entre castaños, encinas y robles. Habían pasado cuatro semanas desde el accidente, y el suelo de la tercera cabaña aún guardaba el testimonio de la sangre que había perdido antes de poder acertar con el torniquete que me hice. Me estremecí al pensar en mi reacción cuando vi la sangre brotar por debajo del pantalón. Cuando me clavé la gubia no sentí ningún dolor, fue un golpe rápido y seco, recuerdo que pensé: «Joder, he roto el pantalón», y acto seguido vi cómo la sangre llenaba el suelo. Me levanté incrédula y fui hacia el interior de la tercera cabaña, me bajé el pantalón y cuando vi el tajo fue cuando me di cuenta de la gravedad de la situación. Lo primero que hice con manos temblorosas fue un torniquete. Recogí todas las herramientas, bajé la tienda de campaña que tengo en el techo del coche haciendo un considerable esfuerzo, cerré la cabaña, metí las llaves del coche en el contacto, arranqué y mientras bajaba al pueblo iba pensando si podía ir hasta el centro de atención primaria (a unos diez kilómetros) o si era mejor llamar a un vecino. Al llegar al parking del pueblo vi lo teñido que estaba de rojo el torniquete y en ese momento decidí llamar a Josep Maria, un vecino encantador con el que solía desayunar en la panadería todas las mañanas. Recuerdo que era alrededor de la una cuando lo llamé. En unos cinco minutos lo tuve al lado. Como pude subí al coche y enfilamos hacia el ambulatorio del pueblo más cercano, a unos diez kilómetros. La herida no dolía, pero no paraba de sangrar. En el ambulatorio me atendieron superrápido: ¿cómo te lo has hecho y con qué? La enfermera que me atendió cortó el pantalón e hizo un primer examen de la situación: «Por muy poco no te has cortado la arteria, pero es profundo el corte». Respiré hondo, notaba mis manos temblorosas pero mi voz pausada, tranquila. Estaba bajo control emocional, y lo ejercía tan bien que la enfermera me inyectó dos veces la anestesia en la herida para poder coser y la pierna no se durmió. Nada. Las dos inyecciones no consiguieron nada. ¿Resultado? Tres puntos en vivo. Mis aullidos, eso no eran chillidos, ante cada punzada de la aguja se sumaron a mis manos agarrando el brazo de Josep Maria, y la cara de la enfermera era todo un poema; tuve la sensación de que ella lo estaba pasando tan mal como yo. Antes de realizar el tercer punto, la chica decidió poner un punto de plástico en vez de coser y el alivio fue tal que arranqué a llorar como una niña pequeña. Me llamó mucho la atención el inmenso cariño que sentí por ella y cómo le decía entre aullido y aullido: «Tranquila, tú haz lo que tengas que hacer, que yo chillo y le destrozo el brazo a mi vecino». Qué fuerte, conseguí reír un poco antes de volver a lanzar un aullido. Al salir con pastillas para el dolor y la herida bien dormida por la anestesia, observé que en la sala de espera no había nadie. Creo que les asusté al personal y las administrativas me miraron compasivas. «¿Sabes, Josep Maria? Acabo de descubrir que no sirvo para espía, cantaría a la primera». Y los dos nos pusimos a reír a carcajadas.

El bueno de Josep Maria me acompañó hasta casa, y cuando se fue tuve plena conciencia de lo que me esperaba por delante. Cuando no estoy en las cabañas, vivo en un apartamento dúplex, suerte que el baño lo tengo al lado de la habitación, pero la cocina está abajo y hay unas cuantas escaleras. «No *problemo*», me dije, y aprendí a subir y bajar con el culo, es decir, sentada en la escalera y haciendo musculitos con los brazos. Los primeros días fueron horribles a la hora de dormir; me pusiera como me pusiera, dolía. Tuve que volver a la semana para que observaran cómo iba la herida; por suerte no se inflamó nada y fue cicatrizando; dos meses, dos largos meses tuve que parar de hacer esfuerzos fuertes, pero aprendí mucho. Carlitus solía venir una vez por semana para sacarme a pasear, es decir, para llevarme a la cabaña, puesto que el simple hecho de pasar allí un ratito viendo los troncos amontonados esperando que me pusiera bien y los pudiera trabajar era ya toda una terapia para mí.

Esos dos meses de inactividad fueron muy terapéuticos, me ayudaron a ver qué ocurre cuando las cosas no salen como yo quiero y cuando yo quiero; qué ocurre cuando algo o alguien se interpone en mi camino, interrumpiendo o retrasando lo que estaba haciendo; y, sobre todo, a dónde me llevaba la emoción que se generaba a partir de ello; en concreto a mí siempre me ha llevado bien a la rabia bien a la derrota, y ambas reforzaban una memoria ancestral que escondía mucho miedo a perder.

A lo largo de esos dos meses estuve visualizando muchos vídeos de bushcraft para ver cómo se hacían los encajes. Como siempre, todo me parece muy fácil de entrada, jamás veo problema alguno, esos problemas que la gente que dice tocar con los pies en el suelo tiende a decir: «Ya eres mayor para aprender eso», o «si jamás lo has hecho, ¿cómo te vas a poner a tus años a hacerlo? ¿Quién te crees que eres para hacer algo que los profesionales llevan años haciendo?». A veces pienso que todavía no me han dicho el más divertido de todos: «A tu edad tendrías que hacer calceta». Estoy esperando a encontrarme con el bonico o bonica que me suelte esa frasecita para mandarlo a Pernambuco de una soberana hostia, que al final una se cansa de tanta mediocridad con patas y tanta muerta y muerto viviente. Jopeta, qué a gusto me acabo de quedar, y como no veo quién lo va a leer, más a gusto me he *quedao*. Espero que mi editora no me lo borre, je, je.

Volviendo a los vídeos y encajes en madera. No sé cuántos tropecientos llegué a visualizar, pero como siempre, esa es una de mis virtudes, me puse manos a la obra y a practicar. El primero no salió, el segundo tampoco, el tercero pichín pichán, pero ay, amiga, el cuarto, casi casi níquel, al menos para mí. Resulta que me divertí mucho con mis meteduras de pata, la verdad, cada vez que hago alguna, y os prometo que suelo hacerlas muy a menudo (recordad que soy la antiheroína por excelencia y Mrs.

Bean), hago gala de ello en mi Instagram y en mi canal de YouTube. ¿Y eso? Pues es que estoy un poco, bueno un mucho, jartita de tanta perfección y postureo, y parece que si no eres pluscuamperfecta vestida, acicalada, con un diez en todo lo que haces y no haces y demás tonterías del personal, pues nadie te va a valorar ni querer ni aceptar. ¿Sabéis que he descubierto? Que tanto a mí como a mis seguidores nos gusta justo todo lo contrario, nos encanta la que mete la pata y de ello se hace unas risas, la imperfecta que de su imperfección hace casi casi una oda, la que se equivoca, la que se olvida de las buenas normas y va y es políticamente incorrecta y todo eso, en vez de frenarla, la magnífica como ser humano. Cuidado, que no estoy hablando de quedarnos sin movimiento alguno ni pa dentro ni pa fuera, ¿eh?, que os veo venir, sino de todo lo contrario: no importa las veces que te equivoques, que metas la pata, que lo hagas al revés..., lo que importa es que lo HAGAS, del verbo «hacer». Personalmente de esas meteduras de pata hago mi marca personal, pues el movimiento se demuestra andando, y para mí, equivocarnos es aprender. Nadie nace sabiendo y el que diga lo contrario es un gran fanfarrón. **Divinas meteduras de pata, gracias a ellas aprendo**, y quizá porque no les tengo miedo, porque conozco el secreto que anida en la equivocación, en el error, es por lo que me encanta equivocarme.

Cada equivocación grande o pequeña es un aprendizaje grande o pequeño, tanto en lo profesional como en lo emocional.

Para mí, vivir es eso, equivocarnos, y equivocarnos nos saca de nuestra zona de confort.

Pues bien, después de dos meses de equivocarme, de visualizar vídeos, de fotografiar fotograma a fotograma, me empezaron a salir los encajes de caja y espiga. En honor a la verdad, cuando más he aprendido ha sido hace poco en un minicurso de encajes en Girona. Allí he aprendido a serrar a plomo, es decir, recto sin desviación alguna. Me he dado cuenta de la importancia de un corte perfecto para que hagas lo que hagas salga bien. De dicho curso y de la mano de Elisenda Caamaño he sentido la enorme importancia de saber hacer un corte limpio, y como en la peli *The Karate Kid* he sabido instintivamente que la carpintería manual es en realidad un curso de paciencia y precisión. Miro y remiro las medidas tomadas y llevo ya casi un mes serrando todo lo que pillo. Y vosotros me diréis: ¿nada más?, y yo os contestaré: exacto, nada más ni nada menos.

Y es que **estamos tan acostumbrados a lo rápido y fácil que cuando algo requiere de paciencia y precisión se nos cruzan los cables y tiramos la toalla.** Y no, señoras, no, al menos yo lo siento así, y como lo siento así lo compruebo así: la vida es la gran escuela de la paciencia y de la precisión. Y, por cierto, la paciencia y la precisión, ¿sabes cómo se practican? Pues con paciencia y precisión. Particularmente, me provoco a mí misma cuando voy circulando con el coche: me pongo detrás bien de un camión bien de alguien que circule a 30 por hora. Respiro profundamente y cuando siento que me llega un pensamiento de «joder, tío, qué muermo», río, respiro y me pongo a cantar, y de eso hago mi karma yoga, ja, ja, ja. A veces el de atrás se pone nervioso y me han llegado a hacer signos obscenos. Tengo que decir que lo entiendo, pero claro, no les puedo contar mi peli porque tampoco la entenderían.

Y serrando, serrando y visionando vídeos sobre caja y espiga fue como logré pasar dos meses sin hacer prácticamente ningún esfuerzo en la cabaña.

Cuando volví, reanudé el trabajo con la estructura principal y empecé a levantar los muros laterales con piedras, y una vez levantados tocó ir a por castaños muertos que la sequía estaba derribando.

A los dos meses de estar trabajando tuve otro accidente: resbalé del andamio que utilizaba para con la polea subir al tejado los troncos de 2,50 de largo por 12 centímetros de grosor (el tejado es a dos aguas). Como siempre tengo una cohorte celestial que vela por mi salud física, así que caí un palmo fuera del muro de piedra, que si me doy me mato. En los vídeos siempre digo algo así: «Huy, Honorato, que por poco me mato un rato». Bueno, ese día no me maté ni siquiera un rato, pero sí me hice un buen desgarro en la muñeca izquierda. Recordad que no soy ni zurda zurda, ni diestra diestra. Utilizo las dos manos en función de como mejor me vaya, aunque, puntualizo, tengo tendencia a usar más la izquierda que la derecha, tengo más fuerza en el brazo izquierdo. Pues bien, la vida me volvió a parar. Jopeta, ¿qué c**o estaba pasando? Herida de gubia en la pierna izquierda, dedo a la virulé en mano izquierda, muñeca izquierda kaput y las quemaduras por cal que tienen más tendencia en la muñeca izquierda que en la derecha, y eso que me protejo con buenos guantes. Así que ya me ves a mí, dale que te dale al runrún, hasta que averigüé qué me estaba queriendo decir el cuerpo. Entendí que **mi mujer sabia estaba queriendo hacerme llegar el siguiente mensaje:** ¿desde dónde estás actuando?, ¿qué patrón está configurando tus actos, tus idas y venidas, tus neuras?

¿Os acordáis de todo lo que os he contado hace unas páginas sobre mi amigo Vincent y nuestra hiperactividad?

Siempre le he dicho que a los hiperactivos (TDAH), así en general, claro, y en mi caso concreto, en el hecho de hacer nos va la vida. Si no sabes canalizar el exceso de energía esta irá en tu contra, si no sabes enderezar y llevar las riendas de ese enorme, veloz y fantástico caballo que busca la libertad en todo lo que hace, que no soporta que le corten el paso y que intenten calmarlo porque las normas de la sociedad así lo dictan y porque tanto la sociedad como la enseñanza no sabe cómo tratar a esos niños que tienen vida propia, pensamientos propios, que lo tienen que experimentar todo por ellas y ellos mismos, que no les vale el consejo de otro porque ese consejo está cargado con las experiencias ajenas, entonces te vas a la mierda. Y así es, cuando a un caballo lo privas de su libertad, se muere, lentamente, pero se muere. Ese exceso de energía que a la sociedad en general le molesta porque la hace pensar, salir de su zona de confort, que la obliga a utilizar el tarro, no es exceso, es la VIDA en su máxima expresión, y claro, los muertos vivientes no saben qué hacer con ella. Así que el problema es del hiperactivo que no encaja en la mediocridad social, cuando tengo reclaro que el problema es la sociedad en general, que ha aniquilado un derecho básico e inherente a la propia vida: la libertad. Nacimos libres y no esclavos, pero nos quieren esclavos, porque los esclavos obedecen y no plantean preguntas molestas.

Aprender también duele

Cuando Pitu tuvo ese brutal accidente que casi le cuesta la vida, instintivamente decidí seguir con la cabaña, a pesar de la sensación de culpabilidad que me acompañó los primeros días críticos. ¿Ese sentimiento de dónde salía? ¿Era debido a que me estaban haciendo un favor? No lo sé, pero ese maravilloso Pepito Grillo que suele acompañar muchas de mis reflexiones jugó un papel importante en la decisión de continuar con la construcción de la tercera cabaña, a pesar de todos los pesares. Y así fue como contacté con un profesional del mundo de la bioconstrucción para que me enseñara cómo trabajar las paredes de la cabaña con balas de paja. Tal y como ya os he contado, después del accidente de Pitu me dediqué a recoger troncos viejos que encontraba por la montaña para la estructura base de la cabaña. Y como desconocía qué era la carcoma y que todos los troncos tienen carcoma, no sé cuánto tiempo le queda a esta tercera cabaña, cuyo lado norte empieza a caerse. Resulta que el profesional no se tomó en serio lo de que yo hiciera cabañas —aunque cobrar cobró, no me regaló nada—, pero se olvidó de ser un buen profesional. Llevábamos ya un par de semanas trabajando con las balas de paja cuando de repente va y me suelta: «Ostras, no he puesto una protección entre las piedras y las balas de paja». Se quedó un rato pensativo y espetó: «Bueno, tampoco es tan importante». Servidora, que no entendió lo que le estaba diciendo, pensó «si él dice que no es importante, pues no será importante», así que no dije nada y continuamos trabajando. Al cabo de un año, y después de varias lluvias torrenciales, me enteré de que la piedra tiene un proceso de absorción conocido como «capilaridad», toma ya, y claro, al no tener protección las balas de paja, la humedad ha ido penetrando a lo largo de todo un año. ¿Resultado? La paja se ha podrido y la pared ha cedido. Bonito aprendizaje, ¿verdad?

La tercera cabaña tiene un montón de errores que se han convertido en auténticos aprendizajes; por ejemplo, la chimenea de piedra me estaba quedando muy bonita cuando me dio por cerrar el techo. «Ostras, ¿y ahora cómo haces la salida del humo?». Pero qué lista es mi niña. Tuve que hacer una especie de remiendo con un tubo industrial para que el tiraje de la chimenea fuera más o menos potente (más menos que más), y encima la desmonté y volví a montar tres veces porque no quedaba como yo quería, vamos, que tengo más moral que el alcoyano. La segunda vez que la desmonté ya la había levantado como unos dos metros. Respiré profundo y me dije: «¿Es así como la quieres?». No, pues nada, mazo y a derribarla, y dicho y hecho: mazo y a derribarla.

El suelo de la cabaña también es de piedra, pero sin drenaje alguno, así que cuando llueve fuerte hay tres dedos de agua; el día que ponga gallinas tendré que hacer algo para que las pobres no tengan que nadar en vez de caminar. Con la tercera cabaña tuve la gran suerte de contar con un buen amigo que es ingeniero, Pablo, de Sevilla, que sabe un montón de construcción alternativa, y otra buena amiga de la que ya he hablado, Sor Longines (Yolanda). Ellos fueron los artífices del suelo de la tercera cabaña. Estuvieron toda una semana mano a mano conmigo ayudándome. Menudas cenitas de verano que nos pegamos y menudas risas y buen rollete.

Otra gran cagada / metedura de pata al más puro estilo Mrs. Bean fue el tejado. Yo quería que fuera a dos aguas, tal y como había visto en los vídeos de bushcraft, pero como no había ningún tronco recto, el resultado fue una especie de piscina con un 40 por ciento de desnivel que cuando llovía se convertía en eso, una piscina. Me las vi y deseé para conseguir que ese tejado tuviera un mínimo de pendiente para que cuando lloviera el agua no se acumulara generando pequeñas balsas de agua. ¿Resultado? Ese tejado pesa unos ochenta kilos. Lo sé, lo sé, lo tengo que desmontar, pero primero terminaré la cuarta cabaña, que es el resultado del enorme aprendizaje que me han ofrecido todos los errores cometidos en la tercera.

Si viera en una peli un personaje como yo, me sentiría muy orgullosa de mí

La mañana amanece fría, lluviosa y con un nivel de humedad que corta el aliento, así que lo primero que hago es bajar a la cocina a por un buen tecito de jengibre con miel. Ya de paso enciendo la chimenea, me encanta ver crecer el fuego; suelo quedarme ensimismada en el movimiento armonioso y bello de la primera llama, que de *minimini* va creciendo y cogiendo espacio, lenta pero segura, hasta que por fin contagia a todas las ramitas dispuestas en forma de tienda de campaña. Ese olor a leña quemada me transporta a otros mundos, me transporta a olores de otros tiempos: tierra mojada, leña recién cortada, musgo, pino, viento y nieve; huelo a libertad y antes de que me caiga el moco me levanto y apago el fuego del hornillo porque el agua ya está hirviendo. Cojo la taza de té y me siento delante del fueguecito mientras sostengo entre mis manos ese té, que huele a maravillas. Mi mente se enfoca en cómo voy a seguir entrelazando las historias sobre la cabaña. Y de repente un nudo en la garganta: la cabaña es mi libertad, la cabaña representa todo lo que he sentido que se me ha negado en mi vida social, la cabaña es un mundo libre donde solo cuenta lo básico, donde no importan los conocimientos intelectuales que tienes, ni si disfrutas de un estatus social o no, ni si vienes de familia x o z, ni si eres inteligente o tonta, ni si eres guapa, alta, rubia, delgada o todo lo contrario. **La cabaña me hace llorar. Me hace sentir algo que solo encuentro en ella; fuera de ella, tengo que ponerme la máscara. Con ella soy yo, con ella soy mi esfuerzo, mi pasión por aprender, mis ganas de vivir sin control ni pausa alguna.** Con ella me descubro grande, muy grande, con ella descubro que los tengo muy bien puestos, con ella descubro que nada me asusta, con ella descubro que **equivocarme es un placer**, que ya doy por sentado que meteré la pata y que ella, la cabaña, no dirá nada, siempre está ahí, sin juicio alguno, regalándome mi esfuerzo en formas concretas y tangibles.

La cabaña huele a vida, a sudor, a esfuerzo, a risas, a aprendizaje, a meteduras de pata, a accidentes, a descubrimiento tras descubrimiento.

Es la proyección de mi niña pequeña descubriendo las mil maravillas de la vida, de las cosas pequeñas, sencillas, que tienen mil olores y sabores y cero comodidades. Con ella puedo descubrir cuándo la pereza sale y dice «joder, toca ir a por agua», pero luego hay otra voz que dice «necesitamos el agua para hacer el mortero del tejado, así que vamos», y vamos, vaya si vamos.

Un regreso a la niñez con sabor a beso para el alma

La cabaña siempre tiene ese punto de regreso a la niñez justo un poco antes de los famosos «consejos»: cuidado no vayas a hacerte daño, vigila que te vas a caer, las niñas buenas juegan con muñecas. Seguro que todos los que me leéis sabéis de lo que os hablo, me refiero a ese momento en que las órdenes de sobreprotección de los adultos atontan a los niños y los atemorizan, negando la posibilidad de aprender por sí solos. Es lo mismo que luego esos niños convertidos en adultos repiten con las personas mayores. Cuidado con esto, con aquello y con lo otro; de nuevo se niega el aprendizaje a partir de la propia experiencia.

Particularmente siempre me he sentido atraída por personajes e ideas fuera de la red, de lo común, de lo establecido, quizá por ese sabor añejo a libertad. Con los años, he visto que somos muchas y muchos los que guardamos en nuestro corazón a esa niña o niño interno que miraba con ojos embelesados todo lo que rezumara olor a tierra. A los niños nos encanta hacer cabañas debajo de la mesa, o en los árboles o en la tierra. Ir de camping tiene ese puntito que **nos conecta con esa parte que aún nos queda de salvaje y de anticomodidad que conlleva el estar vivo.** En realidad, creo que lo salvaje es cortar de raíz el vínculo que tenemos con la madre naturaleza y colocar al humano en bloques de acero, hacinados unos encima de los otros, ladrillazo va ladrillazo viene, circulando por debajo de la tierra en enormes gusanos de hierro repletos de humanos que salen como en estampida cuando al gusano le han puesto puertas y las ha abierto de golpe, como si le gustara escupir humanos de su barriga de acero. Cuidado, con ello no quiero decir que tengamos que ir con taparrabos (aunque la vestimenta de algunos de hoy en día…) y machete en mano (aunque ahora que caigo los hay que sí van machete en mano); lo que quiero decir es que **con tanta comodidad nos hemos alejado de las cosas simples que nos reconectan** no ya solo con la naturaleza, sino con quien sí somos en realidad. Volver al inicio o casi al inicio nos regala el autoconocimiento, dado que en ese inicio casi todo depende de nosotras mismas. Hacerte una cabaña con tus propias manos te revela todos tus dones, tus fortalezas y virtudes, que por el ritmo de vida que llevamos no podemos conocer y reconocer. ¿Cómo vas a conocer tu valor, tu constancia auténtica y el grado de tu pasión corriendo cual posesa o poseso a coger el metro, atrapada entre unas cuantas personas, con miedo a que te roben, intentando no llegar tarde al trabajo para que el o la borde de turno no te fastidie la mañana? ¿Cómo van a conocer su valor nuestros hijos si ya desde pequeños les estamos obligando a correr y, sin darnos cuenta, les obligamos a desconectar de su propio ritmo porque es lento para nuestras prisas y nuestra paranoia urbanita? No es que los pueblos sean una panacea, ¿eh? Cuidado, porque en los pueblos, si no eres local, no hay manera de que te dejen integrar, siempre serás de fuera y eso conlleva muchas otras cosas que aquí no toca comentar... Aun así, la vida rural tiene una calidad muy superior a la de las ciudades en todos los sentidos, hablo de pueblos de no más de quinientos habitantes. Algún día escribiré sobre mi experiencia en los pueblos, porque hay una gran diferencia entre pueblos costeros y pueblos de montaña. Y como he vivido en grandes ciudades y en pueblos pequeñitos puedo hablar con conocimiento de causa e incluso entender por qué las gentes de pueblo suelen ver con malos ojos a los urbanitas que se piensan que todo el monte es orégano, dejan sus coches en caminos de tierra, cerrando el paso a los campesinos, dejan sus latas de cerveza o Coca-Cola por donde pasan y menosprecian a los lugareños. Pobretes, si vieran cómo estos se ríen de sus aires de marqueses y cómo les clavan el doble del precio, quizá empezarían a respetar más a los aldeanos. Y al revés, quizá si el de pueblo dejara de sentirse acomplejado por el de ciudad, podría plantar cara más pausadamente. El mundo rural y el mundo urbanita están, para mí, muy separados y con cero comprensión de las circunstancias, necesidades y valores de cada uno. Un mundo con mundos dentro de mundos en los que nadie ve a nadie. Así nos va.

Volviendo a la cabaña, he empezado a construir un huertecito porque no hay cabaña sin su huerto; por supuesto, cómo no, es un huerto bushcraft. Lo he hecho con cuatro troncos de pino partidos por la mitad y un minimurito de piedras para que los jabalíes no me lo destruyan. Claro que, si quieren, pueden, pero bueno, yo no les voy a poner fácil el dejarme sin mis verduritas. Incluso he tapado el minihuertecito con una cubierta verde muy ligera para que el sol entre, pero si cae granizo no afecte a la cosecha. Me encanta ver cómo van creciendo los tomates, los pepinos, el apio y las berenjenas. Lo he combinado con plantas aromáticas y al lado de la tomatera he colocado dos plantas del tabaco, pues dicen que contrarresta la mosca blanca, ya os lo diré, pero de momento están haciendo su función. Y qué maravilla de flores que tienen el calabacín y la berenjena, que he combinado con acelgas de colores, orégano, caléndula, albahaca, melisa, romero, lavanda, cilantro, capuchinas y una hermosa dama de noche. El huertecito es muy pequeñito, pero como lo he levantado, los pepinos lucen su verde redondeado con descaro mientras trepan por las cuerdas que les he organizado. Y los calabacines amarillos no andan muy finos, tendré que averiguar qué les pasa y la próxima vez voy a levantarlos del suelo también, aunque con una cuerda más gordota que la de los pepinos. Menudos encurtidos me estoy haciendo con las berenjenas. Porque claro, en un punto saltó la alarma y me dije: ¿qué vas a hacer con la producción que te viene de golpe? Y una voz en mi memoria ancestral respondió: «CONSERVAS, querida, CONSERVAS». Y ya me ves, compulsiva y obsesiva buscando información para saber hacer conservas y encurtidos. ¡La cantidad de información que he encontrado! Acabo de comprar dos libros, uno que se llama *Conservación de alimentos* y el otro *Bodega de raíces*. Me estoy descubriendo una auténtica *prepper* (preparacionista) y ahora sé que las conservas y las bodegas de raíces no necesitan luz eléctrica, ¿me sigues? Resulta que las bodegas de raíces son espacios que nuestros abuelos ya tenían para conservar los alimentos: pozos donde cuando nevaba el hielo se conservaba bien, pues la tierra, esa gran maravilla que algunos urbanitas desconocen, tiene un poder regulador del clima brutal. Te transcribo lo siguiente de la revista italiana de la Organización de las Naciones Unidas para la Alimentación y la Agricultura (FAO):

> Los suelos sanos son el mayor almacén de carbono terrestre. Cuando se gestionan de manera sostenible, los suelos pueden jugar un papel importante en la mitigación del cambio climático a través del almacenamiento de carbono y la reducción de las emisiones de gases de efecto invernadero en la atmósfera.

Dicho esto, hacerse una bodega de raíces bajo tierra para almacenar la cosecha del huerto es, al menos para mí, una gran idea y un gran reto para potenciar mi libertad y reducir mi dependencia de la red eléctrica, y así poner un granito de arena en la reducción de las emisiones de gases de efecto invernadero de la atmósfera. Tan pronto escribo esto, una voz de ultratumba me resuena en los oídos: «ILUSAAAA», y oigo cacarear la A en un alarde de socarronería. Ni caso, no le hago ni caso, y sigo.

Las bodegas de raíces son habitaciones bajo el suelo que utilizan las propiedades naturales de humidificación, refrigeración y aislamiento de la tierra. Por lo que he leído, se utilizaron en la Segunda Guerra Mundial y su historia se remonta al menos cuarenta mil años, los primeros en usarlas fueron los australianos. Y fíjate: el bushcraft nació también, según lo que he leído, en Australia. ¡Caramba! Ambas tendencias provienen de Australia y da la casualidad de que Australia siempre ha sido uno de mis países preferidos, desde que tenía diecinueve años. Voy a tener que reflexionar sobre ello. Como no tengo bastante con investigar con la lechada de cal y paja con la que estoy cubriendo el tejado, ahora me ha dado por averiguar más del tema de las bodegas de raíces y las conservas. Y la cosa no se ha quedado ahí: mientras busco información, recibo un correo de una seguidora hablándome de la electrocultura o electrocultivos para el huertecito. *What?* Y me manda más información.

Tomaaaa, vamos, nena, que tú puedes. Me sale de nuevo ese grito de guerrera que ya lancé en el vídeo que me hizo la gente de @monxileros en su canal de YouTube: «Oleeee mis reales ovarios».

Volviendo al principio: **si viera en una peli un personaje como yo, me sentiría muy orgullosa de mí.** La cabaña, ese maravilloso ser mudo, que huele a vida, a experiencias, a humo en invierno cuando quemo los troncos para las paredes, que huele a madera, a tierra mojada cuando diluvia (porque aún no está cerrada), que es la viva imagen de mi tozudez, de mi enorme constancia cuando amo algo intensamente (algunos por ellos me dicen obsesiva y compulsiva), ella, mi maravillosa maestra, me ha regalado algo que, a pesar de disimular, me tenía agarrada por los ovarios como vulgarmente se dice. Os cuento. Lo difícil en esta vida es saber quiénes somos de verdad (no confundir con la o las máscaras que utilizamos para relacionarnos con el exterior), pero he descubierto, y esta es una opinión muy pero que muy personal mía y con la que puedes tranquilamente disentir, que no me enfadaré, he descubierto que la enfermedad nos lo chiva por lo bajini si estás atento a estas maravillosas señales de nuestro cuerpo. ¿Has oído hablar de la relación entre emoción y enfermedad? ¿O de la palabra «somatizar»? Como en este libro no tiene cabida este tema, te recomiendo que busques información al respecto. La verdad, es alucinante ver cómo el cuerpo responde a nuestras emociones; por ejemplo, ¿has observado que cuando comes algo con asco te salen pupas en las comisuras de los labios? ¿O cómo después de un gran disgusto (como el que he contado que me pasó con el accidente de Pitu) te puede salir un orzuelo a la mañana siguiente? Brutal.

Así que efectivamente, a veces, descubrir que detrás de una enfermedad hay un dolor añejo muy muy muy escondido le da un sentido a la enfermedad (buscad, si tenéis tiempo, qué son los campos mórficos, vais a flipar). Darte cuenta de que el miedo viene por no ser amado y aceptado **por tu rasgo diferencial** sana por dentro y sana por fuera; cuando eso ocurre reviertes el miedo al rechazo por lo que eres y **te reconoces** justo en eso que eres y que los padres/adultos rechazaron, criticaron, menospreciaron y desvalorizaron cuando eras pequeña. Casi cincuenta años más tarde he entendido muchas cosas y adoro, afirmo y reafirmo a esa maravillosa niña curiosa, intensa, divertida, siempre dispuesta a probar cosas nuevas, a descubrir nuevos horizontes, con la risa por alma y la alegría de vivir por objetivo. Por fin, ya nada ni nadie tiene el poder de hacer temblar de miedo esa fuerza que descoloca y ha descolocado a más de una y uno, incluyéndome a mí. Me amo, así que, gracias a una jodida bronquitis aguda que me ha tenido semana y media postrada en cama, a 38 y 39 de fiebre, sacando el hígado por la boca pero sanándome por dentro, he tenido tiempo suficiente para hacer una profunda introspección en la pregunta siguiente: ¿qué me está queriendo decir esta bronquitis? ¿Qué mensaje hay para mí?

Y como cuento al principio de estas líneas, si viera una peli con una mujer de setenta años experimentando libremente lo que estoy explicando, con el orgullo de saberse enormemente poderosa y libre para contar a pecho descubierto su historia con la finalidad de que a alguien que la lea le resuene y encuentre esa salida que siempre hay (si se busca, claro), me enamoraría perdidamente de semejante mujerona. Porque esa mujer de la pantalla habla sin tapujos, sin vergüenza alguna (ya sabes, ¿no?), generando sensación de malestar en personas desconectadas de su poder. Pero a las personas que están en camino de reconectar con ellas mismas les da fuerza saber que hay mujeres capaces de reinventarse, cueste lo que cueste, tengan la edad que tengan y las circunstancias que las envuelvan.

En mi caso particular, espero seguir aprendiendo y maravillándome de mí misma hasta la última exhalación. Ese momento me lo imagino así: «Ostras, Pedrín, así que era esto... Pues vaya putada, ahora voy y la palmo, joderrr y...».

STOP, fin de la peli.

Confundir milímetros con centímetros, ¿os ha pasado alguna vez?

Me chiflan los vídeos de maestros de carpintería en YouTube, me los trago todos. Si puedo aprender de algo que me interesa aprender, tengo más paciencia que una santa. Justo cuando empezaba ya con las paredes de troncos de la cuarta cabaña (la que mejor me ha salido hasta la fecha), vi un vídeo que mostraba cómo sacar ángulos con escuadras. Ni corta ni perezosa busqué por internet y encontré una escuadra que me gustó y que se parecía a la del vídeo en cuestión. ¿Sus medidas? 300 milímetros. Encargué una no, sino dos. Y cuando me llegaron a casa abrí con ceremoniales movimientos el paquetito en cuestión y, oh desilusión de las desilusiones, *ma cos'è questo?* (¿qué coño es esto?). Los 300 milímetros de mi imaginario se habían convertido en unos ridículos 30 centímetros. Me quería hacer el harakiri, pero acto seguido una estruendosa carcajada empezó a trepar por mis cuerdas vocales hasta que salió disparada y dispersada por toda la estancia, que también contaba con un 30, pero en metros cuadrados. El ataque de risa me duró, no exagero, unos buenos y largos cinco minutos, acababa de darme cuenta de que había confundido los centímetros con los milímetros.

Más. Al cabo de casi —leed bien— dos largos años de utilizar el taladro de baterías, un amigo me dijo el motivo por el cual las brocas se me caían cada tres por tres cuando tenía que trabajar con maderas duras. ¿Cuál era? ¡Que no estaba cerrando la boca del taladro! Otro ataque de risa de los míos. Y es que, si la broca quedaba ajustada, pero no cerrada... Mrs. Bean al ataque de nuevo.

Así os podría contar un montón de anécdotas que me suceden cada tres por cinco, pero como ya he dicho en varios párrafos, el no saber, el meter no ya la pata, sino la pezuña entera, nunca, jamás, *never never never* ha sido un impedimento para que realice algo; al cabo de dos años, de meses o del tiempo que sea, he podido constatar que la **perseverancia siempre gana y siempre nos premia.** Así que dale duro a lo que sea que tengas en mano o en mente o en tu corazón, no te amilanes porque no sabes, ni hagas caso del listo de turno o del pobre diablo que se siente seguro y superior a ti intentando transmitirte sus creencias limitantes o sus inseguridades Recuerda: si te equivocas, tranqui, que tarde o temprano sabrás. Y como digo siempre, porque en esto soy monotemática, repetitiva y cansina, **querer es poder,** ni más ni menos. La palabra mágica es perseverancia y la llave que activa la **perseverancia** se llama **pasión.** ¿Por qué subrayo esto? Sencillo, en mi caso sin pasión no hay perseverancia, y ahora viene la pregunta del millón: ¿qué me activa a mí la pasión? Ahí la cosa, al menos para mí, ya se complica más, y es que saber saber, lo que se dice saber qué quiero, cómo lo quiero y de qué manera lo quiero me ha llevado tiempo, y todavía no estoy segura, tal y como ya he contado en otro capítulo, de que esto de hacer cabañas bushcraft sea lo definitivo; quizá porque siento que lo único definitivo es la muerte, y si me pongo en plan cuántico, ni la muerte es definitiva. Bueno, que me voy de madre, a lo que íbamos: averiguar que hacer cabañas activa mi pasión ha sido tanto como averiguar y constatar de nuevo que lo **que siempre ha activado y sigue activando mi pasión, ergo mi perseverancia o constancia, es aprender algo que me robe el corazón y me atrape en un bucle infinito de curiosidad y avidez por la vida.** Desconozco si esto que os acabo de contar os aclara la pregunta del millón: ¿qué activa mi pasión? ¿qué activa *vuestra* pasión? Sé por experiencia propia que es un tanto complicadillo averiguarlo, sobre todo si no nos atrevemos a romper normas, a ser disidentes, a cuestionar el entorno, a ser rebeldes, a transformar creencias limitantes en creencias sin límite ni de tiempo ni de acción. Si no te atreves a ser la loca del barrio, de tu familia, o de tu entorno, a llevar sueños de expansión al máximo de tus posibilidades reales, no impuestas por juicios de valor ajenos a ti, va a ser como querer alcanzar la luna sin moverte del sofá de tu casa y sin dejar de lado el mando a distancia que te permite cambiar de canal con la mano izquierda mientras con la derecha vas comiendo palomitas un domingo por la tarde. ¿¿Me explico?? Pues ahí lo dejo.

Atreveos a vivir sin pedir permiso.

Odisea en el espacio o de cómo voy a construir las ventanas

Se acerca el buen tiempo y ya no hace tanto frío, así que hoy toca ir a buscar tronquitos con mi amigo Carlitus al bosque de otro buen amigo, Josep. Hoy con Carlitus voy a hacer doble jornada: primero a por piedras para proteger el huertecito de los jabalíes y luego a por tronquitos para terminar la pared trasera. La verdad es que está muy avanzada la cabaña y me hace pensar que estará finalizada antes de que termine 2025. Ilusa, me digo ahora, a 23 de septiembre de 2025. Y es que ha llovido mucho desde ese día de principios de primavera en que estaba a punto de ir con Carlitus a buscar tesoros para la cabañita. Han pasado cosas buenas y cosas que me han hecho crecer y evolucionar como ser humano. La más importante fue a principios de agosto, cuando pasé unos diez días de fiebre que también os he contado, y que retrasaron mucho la construcción de la cabaña, pues me tuvieron fuera de juego durante un mes largo. Otros impedimentos han sido las intensas lluvias que han caído y que la cabaña nueva ha resistido, mientras que la de bioconstrucción no, incluso la pared trasera ha colapsado; he tenido que desmontarla para salvar las ventanas de madera, con la ayuda de mi amigo Vincent y de Pedro, un nómada extremeño que es un amor y sabe un montón de ebanistería. Esta cabaña, que representa mi tercer intento «cabañero» (palabro que me acabo de inventar), hay que desmontarla enteramente debido al mal estado de los troncos que utilicé y del desconocimiento ABSOLUTO de cómo construir una cabaña a partir de troncos recogidos del suelo y llenos de carcoma, y de la falta de profesionalidad de la persona que contraté para que me enseñara cómo se construyen las paredes con balas de paja, cal y arcilla. Desastroso no, lo siguiente, pero aprendí lo que hay que hacer y lo que no hay que hacer, ergo, está todo perfecto. Creo recordar que esto también os lo he contado, ¿o no?

Una vez que haya desmontado la cabaña hecha con balas de paja quedarán en pie los 60 centímetros de alto por 50 de ancho de las paredes de piedra, que destinaré bien a construir un gallinero, bien un invernadero para mi huertecito o un minijardín de plantas autóctonas curativas como el romero, el tomillo, la salvia, el hipérico, el orégano, que aquí nace con mucha fuerza y brío... No lo sé, pero algo haré, je, je. Tengo también en mente adquirir un alambique para destilar aceites esenciales, que es un tema que me apasiona desde hace tiempo, y de hecho ya hago mis pinitos macerando una planta como puede ser el romero, el hipérico o el tomillo en aceite de almendra, vitamina E y aceite de ricino durante dos meses a sol y serena. Utilizo el alcohol de romero para relajar la musculatura cuando vuelvo de la cabaña, el aceite de hipérico para los muchos golpetazos que me doy y las quemaduras y el aceite de tomillo para la piel, y de paso como reforzante del sistema inmunológico. Me da en la nariz que a mí me funciona, claro que bien podría ser un efecto placebo provocado por la satisfacción de hacerme mis propios mejunjes, pues tengo algo de brujilla medieval... Los que vais a pescar y coméis de lo pescado podéis entenderme a la perfección.

Os explico cómo voy a construir las ventanas de la cabaña. Ese día que os contaba con Carlitus conseguí mucho material para la construcción del murito antijabalíes y prohuertecito, así como tronquitos para seguir levantando las paredes de la cabaña. Me faltaba bien poco para terminar la pared trasera, que me llevó mucho tiempo. Cortar los troncos a la medida, quemarlos para curarlos, preparar la cal, la arcilla y la paja para poder juntarlos; en fin, un trabajo de chinos digno de una pasión por el bushcraft. Por fin terminé la pared de fondo y entonces fue cuando descubrí que por las rendijas que no había recubierto del todo, porque pensé que no hacía falta, aparecieron Pixi y Dixi, dos ratoncitos de bosque que estaban criando entre dichos espacios. Gran dilema el que se me planteó: ¿tapo todos los espacios que hay en el muro de piedra que rodea la cabaña? El dilema me duró dos días, pues hablando con una persona del pueblo me comentó que una plaga de ratoncitos estaba haciendo de las suyas, que había que llamar al flautista de Hamelín. Preparé arcilla con paja y empecé a tapar todos los espacios mal cerrados, tanto por dentro como por fuera, pero a la mezcla de fuera le agregué cal. Y me dije «problema solucionado», pero tres meses más tarde sigo teniendo otros Pixi y Dixi por el jardín y veo cómo cavan los nidos en hoyos que, curiosamente, intentan entrar en la cabaña. ¿Lo conseguirán? Ya os contaré. De momento misión cumplida y agujeritos tapados para que no entren ratoncillos. El hecho es que la pared norte ha quedado espectacular: haber recubierto toda la pared (tanto la parte de piedra como la de troncos) interior y exterior con la mezcla de arcilla ha igualado espacios que sobresalían demasiado, proporcionando armonía con los troncos en una pared de 5 metros de largo por 3 de alto. ¿Y cómo aprendí a hacer las mezclas? Donde voy a comprar la arcilla me suelen informar de cómo hacerlo, pero ellos están acostumbrados a trabajar en construcciones de casas y no en cabañas de madera, así que todo ha sido prueba-error hasta encontrar la perfecta amalgama; cuando empecé no ponía tanta paja y eso se puede ver justo en las zonas que se han craqueado. Donde se mantiene la mezcla perfecta, la proporción de la paja fue mucho mayor; la mezcla queda muy compacta y el resultado es que, a mayor proporción de paja, mayor consistencia y duración. Una de las paredes que hice al principio voy a tener que rebozarla de nuevo, pues los troncos han empezado a largarse un tango. En mi defensa tengo que decir que sabía que la cabaña níquel sería la quinta, y así lo mantengo. La quinta cabaña, que no sé dónde la haré, será la cabaña de una profesional del bushcraft, je, je. Y es justo en la que quiero vivir y morir. Nada más que añadir, su señoría.

Llega, por fin, el turno de las ventanas. Fui a por las maderas de dos centímetros de grosor que conforman los premarcos y mi buen amigo Josep me preparó unos tableros ideales para ello. El proceso que hice fue curarlos con un soplete, tal y como he hecho con las maderas del suelo de la cabaña, y empezar a cortarlas unas a 50 × 50 y otras más peques. Me resultó hasta sencillo hacerlas y fue entonces cuando me llegó la información de un taller de encajes manuales de una semana de duración que se organizaba cerca de casa. Ni corta ni perezosa me apunté. Yo había aprendido a través de los vídeos a hacer unos encajes llamados caja y espiga y estaba muy interesada en aprender los llamados encajes de cola de milano. En clase descubrí que la manera en que hacía los encajes de caja y espiga era chapucera, y fue en ese taller (@tallersdefusteria en Girona) donde aprendí de la mano de la profe Eli la importancia de hacer un corte de sierra manual a plomo, es decir, recto e impoluto. Es casi casi una meditación, dado que, si el corte no está recto, el encaje no encajará. Aprendido esto, me tiré casi toda la semana que duró el curso practicando y practicando dicho corte, y supe cómo utilizar herramientas como el formol para hacer el vaciado de la caja y mi gran gran problema: cómo tomar medidas sin meter la pata. Me paso revisando una y mil veces las medidas que la escuadra de turno me da, dado que son muy peques y servidora es medio cegatona. Pero recordad que soy tremendamente tozuda y que, si me propongo algo, tranqui, que lo consigo tarde lo que tarde, truene, relampaguee o se caiga el mundo, al final lo habré conseguido. Y es así como voy aprendiendo de a poquito, eso sí, el motor es mi pasión por aprender a hacer encajes con sus diferentes ángulos y aplicarlo a mi trabajo con el bushcraft, algo que simplemente me apasiona. Con lo poco que me gustan las matemáticas he podido constatar que mis dos grandes pasiones están repletas de ellas: tanto el piano (solfeo clásico) como el bushcraft tienen mates hasta en la sopa, y yo con estos pelos...

Cuando volví a retomar los premarcos de las ventanas, deseché unos cuantos y volví a cortar, y quemar otros de nuevo donde el corte resultó cuasi perfecto y las uniones una dimensión desconocida por mí hasta ese momento. Me es imposible describir con palabras los pequeños triunfos que voy consiguiendo, la sensación de satisfacción al ver como supero día tras día cosas que hasta la fecha me parecían imposibles dadas mis supuestas limitaciones. Calculo que debe de ser lo que sienten los bebés al dar sus primeros pasos y constatar que pueden mantenerse en pie sin ayuda del tacataca. Y cuando alcanzo ese clímax, me invade una inmensa gratitud hacia la figura de la persona que ha hecho posible semejante transformación, al creer en mí y cederme el terreno donde nace, crece y reverbera el sueño del bushcraft: Farnes, *t'estim.*

8

HABITANDO EL NUEVO MUNDO DIGITAL

–Ya, pero ¿y si los hubiera? ¿Y si te dijera que tu carne puede alimentar la vida de otro ser? ¿Qué me dirías? –pregunta el pescador a Angie con voz suave.

La niña se queda pensativa.

–¿Quieres decir que puedo alimentar a otro animal como la lubina ha hecho con nosotros?

–Exacto. ¿Qué dirías?

Josephine, que está escuchando atentamente la conversación, agrega:

–¿El gigante nos haría un ritual de agradecimiento como hemos hecho nosotros con el pez?

–Sí –dice el pescador.

Ambas niñas se quedan muy pensativas. ¿Las iban a pescar a ellas como el pescador hizo con la lubina? ¿Su madre tenía razón? Sus caritas se convierten en auténticos mapas donde curiosamente el miedo no se refleja, se refleja la concentración buscando una respuesta que su pequeña mente trata de entender. De pronto, Angi recuerda lo bien que le ha sentado notar en sus tripas hambrientas la rica y tierna carne de la lubina y cómo esta ha aplacado su hambre. Levanta la mirada hacia el pescador y responde muy seria:

–Honro a la lubina que ha calmado mi hambre, así que si calmo el hambre de un niño gigante, ¿él también se sentirá bien?

El pobre pescador, consciente de que se ha metido en un auténtico jardín sin salida, traga saliva y susurra un tímido:

–Sí, así es, algo así como la vida honrando a la vida, tal y como hemos hecho nosotros con la vida de la lubina.

Angi vuelve a quedarse sumida en pensamientos, mientras Josephine empieza a jugar con unas caracolas que ha encontrado al lado de unas gruesas ramas. Viendo el ensimismamiento de la pequeña, el pescador dice:

–Chicas, ¿qué tal si os enseño a hacer una cabaña? Es muy fácil y lo podéis hacer vosotras en la montaña otro día. ¿Qué me decís?

La palabra «cabaña» saca a Angie de su ensimismamiento y la hace brincar de un salto.

–¿Una cabaña? Sííí, enséñanos cómo se hace una cabaña.

Ella siempre andaba escondiéndose debajo de las faldas de la mesa del comedor de sus padres, necesitaba imperiosamente sentirse protegida por aquel diminuto espacio que le ofrecían las faldas de la mesa, se imaginaba siendo una heroína del Oeste americano como le decía su padre, viviendo en una cabaña de madera con sus hermanos y sus padres, rodeada de bosque y de animales como los conejos que tenía la señora Antonia o las ovejas del corral del vecino que era pastor. Y empieza la fiesta de la cabaña en la playa, olvidando tanto Josephine como Angi la pequeña desventura de llegar a ser comidas algún día por niños gigantes que tuvieran hambre. El pescador lanza un suspiro de alivio.

El nacimiento de Yaya Bushcraft en las redes sociales

Suena el móvil, son las 7.35 de la mañana. Es Vincent.

—¿Vamos a tomar un café?

—Okis, ahora bajo.

A esta hora el aire todavía es fresquito y tomarse un cafetito mañanero me sienta bien. Nos dirigimos hacia el pequeño bar del pueblo, y una vez sentados y con la humeante taza de café en las manos, Vincent (que tiene veintidós añitos) me dice:

—Oye, ¿por qué no te abres una cuenta en TikTok? Yo te ayudo y también te llevo el Insta. También estaría muy bien que te abrieras un canal de YouTube.

Me lo quedo mirando.

—*Nen*, no tengo dinero para pagarte.

—No te preocupes, tú me enseñas a respirar bien; me gustaría hacer el curso de coach de Reeducación Postural y Respiración. Tú necesitas ayuda con las redes y yo con la respiración.

Sorbito al café, me lo miro y le digo:

—De acuerdo, trato hecho, por las mañanas podemos hacer una hora de clase antes de irme a la cabaña, ¿qué te parece?

—Hecho. ¿Qué nombre quieres usar en redes?

Zasca, la pregunta del millón.

—Bueno, tiene que contener la palabra «bushcraft», así que…

De pronto se me ilumina la bombilla y le digo:

—Ya lo tengo, me gusta Yaya Bushcraft.

—¿Yaya?

—Sí, tú y yo parecemos la abuela y el nieto, nos lo han preguntado varias veces; a mí el significado de yaya me gusta y si lo juntamos con bushcraft es una composición muy potente. Yaya representa la dulzura de una abuela que hace pastelitos para los nietos, *crochet*, que cocina de maravilla y que tiene infinita paciencia, que da buenos consejos, puesto que la vejez es sinónimo de sabiduría. Bushcraft es algo fuerte, robusto, representa un refugio para vivir, así que la combinación de un refugio para la sabiduría y la ternura me parece una buena analogía.

Vincent se queda callado, pensativo y de repente dice:

—Vaya, pues suena muy bien. Voy a ponerme a diseñar un logo y creo que tu proyecto de construir cabañas puede funcionar a las mil maravillas, dado que abarca a la gente de tu edad y los de mi generación.

Así fue como empezó lo de las redes y ya va para tres años. Vincent ahora tiene veintiséis y fue el encargado durante un año y medio bien largo de llevarlas, hasta que dejó el tema de las redes para dedicarse a otros temas.

TikTok fue increíble, en poco tiempo alcancé cerca de 40.000 seguidores y fue una experiencia muy especial: me llamaba mucho la atención que mi trabajo en las cabañas tuviera tanta repercusión en las demás personas. Sigue llamándome la atención que tanta gente me considere una inspiración para sus vidas.

La primera vez que leí un comentario en ese sentido me dejó perpleja.

—¿Qué es lo que inspiro? —le pregunté a Vincent.

—Inspiras muchas cosas, inspiras tozudez, inspiras coherencia, inspiras constancia, inspiras vida, inspiras seguridad en lo que quieres y cómo lo quieres, inspiras rebeldía, inspiras autosuficiencia, inspiras envidia, inspiras libertad.

Me quedé muy pensativa ante su respuesta.

—Siempre se me ha recriminado todo lo que dices que

inspiro. Si me preguntas cuál es la frase que más he oído a lo largo de mi vida por ser como soy es la palabra «loca», «estás loca», dicho en sentido despectivo, recriminatorio y por lo tanto recibido como un total y absoluto rechazo a mi manera de ser.

—Los tiempos han cambiado —contestó él—, y las personas que viven en las ciudades quisieran tener la valentía de dejarlo todo y hacer lo que tú haces.

Recordé en ese sentido algo que una amiga me comentó a la vuelta de la India, a finales de 1992: «Querida, tu manera de entender la vida genera mucha envidia, y en mi caso, cuando te veo y escucho tus aventuras diarias, tu rebeldía a pesar de todos los pesares, siento que me gustaría ser como tú, siento que ayudándote en lo que puedo es como si yo también pudiera hacer y vivir como tú».

Esa frase se me ha quedado grabada porque la verdad es que siempre alguien, en el último momento, me ha echado un cable y ha hecho el mismo comentario: «Ayudándote a ti tengo la sensación de poder vivir un poquito como tú». Claro que yo solo veía los problemas que conlleva ser una *outsider*, es decir, ningún tipo de seguridad de la que nos venden: un trabajo seguro con seguridad social para toda la vida, una casa para toda la vida, un marido para toda la vida (en mi época el divorcio prácticamente no existía), y al final un cementerio de elefantes llamado residencia hasta que te mueres. Solo de pensarlo se me ponen los pelos de punta. ¿La vida es eso? Para mí nunca lo fue, jamás de los jamases: nacemos libres, entonces a qué viene querer controlarlo todo para que la vida sea una especie de balsa aburrida y predecible donde lo más difícil que se hace es decidir qué seguro de vida (yo le llamo de muerte) vas a escoger para dejar a tus hijos algo. ¿La famosa herencia el día que la diñes? Y los hijos van y se pelean entre ellos por un quítame esas pajas que la casa de los papás es para mí, y por un piso de cuatro paredes se dejan de hablar y se recontraputean entre ellos, por algo que se lo curraron sus padres. ¿A eso se le llama vida? Yo a eso lo llamo infierno, hipocresía, desconexión con la vida. ¿Y por qué? Porque sus vidas están montadas en cosas materiales que creen que les aportarán felicidad y suele ser justo todo lo contrario.

No todo fue bonito: el descubrimiento del *bullying* en redes

Cuando apareció el primer hater lo flipé en colores, no entendía qué le podía pasar a una persona por la cabeza para llamar a otra «vieja» despectivamente. Con el tiempo he constatado que son más las mujeres que atacan a otra mujer que los propios hombres, aunque haberlos haylos. Me suelo hacer la pregunta de cuál puede ser el motivo que las lleve a atacar a otra mujer. ¿Les remueve algo por dentro? ¿Ellas querrían también ser libres y no se atreven? Esto bien merece un estudio sociológico en profundidad, ¿no os parece? Ya sé que se puede definir con la palabra «envidia», pero si algún día tengo tiempo, me gustaría hincarle el diente a este fenómeno tan «curioso», por ser suave con mis expresiones. El insulto gratuito hacia otra persona que hace algo diferente a lo que ellos hacen lo comparo con el principio del *bullying* en las escuelas. Miras los perfiles de estas personas y algunos son fakes, pero otros son realmente interesantes para un estudio profundo sobre lo valientes que son algunas y algunos detrás de un *nick* y lo alineados que están para no darse cuenta de que ellos son los que propician el *bullying* en los colegios. Fijo que tienen hijos, nietos, sobrinos, hijos de amigos, que sufren ese tipo de abuso que mentes enfermas realizan a diario. Ahí también descubrí que el hater es alguien muy inculto a todos los niveles, pero básicamente a nivel tecnológico, dado que las plataformas ya no buscan likes, sino la famosa interacción. El algoritmo no sabe de odios o amores, solo de interacciones, y cada vez que alguien pone a parir a otra persona en una plataforma lo que está haciendo es ayudar al sujeto al que insulta a que tenga más visibilidad en la plataforma.

Divertido, ¿verdad? Decidí que cada vez que alguien pretendía insultarme, le daba y le doy cancha para que siga interaccionando. Es más, Vincent me contó que algunos youtubers dicen y hacen comentarios ex profeso para que la gente interactúe con sus posts, pues así es como obtienen más visibilidad y suben el número de seguidores. Eso es lo que yo hago, apostar por los haters para que suba mi número de seguidores, aunque también es cierto que no me hacen mucha falta, je, je, pero siempre es bueno. Personalmente me lo paso pipa, demostrar a estos descerebrados que no todo el monte es orégano y que donde las dan las toman me hace sentir que estoy actuando para todas aquellas personas que no pueden o no se atreven a contestar al odiador. En este sentido y después de escuchar el testimonio de varias personas jóvenes que dejaron de publicar por los insultos que recibían, utilizo mucho el hashtag #stopbulling. El *bullying* en redes se alimenta del silencio de muchos que creen que lo mejor es callar y pasar página. No estoy de acuerdo, es de todos conocido el refrán que dice «quien calla otorga» y servidora jamás otorgará el privilegio de ser un perfecto maleducado con derecho a faltar el respeto a los demás solo porque no tiene nada más que hacer en su triste vida y se aburre un montón. O simplemente porque la envidia la corroe. Tengo que decir que estoy empezando a ver cada vez a más personas que contestan a los maleducados, es como si más gente tuviera consciencia del efecto que ejerce el *bullying* en redes; puede que tengan hijos que hayan sufrido el acoso de otros niños (que para mí aprenden en casa con padres acosadores). Cuando uno sufre en carnes ese fenómeno digno de estudio sociológico, toma consciencia y deja de soltar la primera tontería que le pasa por la cabeza en posts ajenos. Hay que usar la inteligencia: pasa de largo de posts con los que no estés de acuerdo, porque todo el mundo, repito todo el mundo, tiene derecho a colgar lo que le salga de las narices. Al fin y al cabo, a eso se le llama «tolerancia», y a imponer nuestro criterio faltando el respeto al otro se le llama «autocracia», que es el antónimo de democracia.

TikTok lo dejé porque me cansó la plataforma con sus tonterías cada dos por tres, y que conste que cuando lo dejé llevaba 40.000 seguidores. En estos momentos, 29 de septiembre de 2025, en Instagram tengo exactamente 103.000 seguidores, y en YouTube 10.400, *pas mal*. Una de las cosas que me llamaba la atención cuando era seguidora de canales de otras personas es que la mayoría no contestan a sus seguidores, y eso no me gustaba. Siento que, si alguien dedica su tiempo a seguir tus vídeos y a darte ánimos, esa persona se merece mis respetos y, por lo tanto, contestar es lo mínimo que puedo hacer.

Y eso que a veces ha sido horroroso, como la primera vez que me grabaron @monxileros, tres jóvenes de veintidós y veintitrés años. Su vídeo se volvió viral, con casi 4 millones de visualizaciones, 257.000 likes, 4.694 interacciones y 22.000 veces compartido. BRUTAL. Se pusieron en contacto conmigo a través del Insta. Cuando Marc habló conmigo su propuesta me encantó y cuál fue mi sorpresa el día que vinieron a verme cargados de mis guarrerías preferidas: patatas chips, queso *tête de moine*, costillitas... Aquello pareció la película *La grande bouffe*, y luego el vídeo que me hicieron quedó cargado de mucho cariño y una excelente profesionalidad.

Las redes tienen, como todo en esta vida, su lado oscuro y su lado maravilloso. He tenido comentarios tan positivos que me han emocionado un montón y me han hecho darme cuenta de que hacer cabañas estilo bushcraft a los setenta no es tan habitual como a mí me parecía.

Sin embargo, me llama poderosamente la atención la falta de creatividad y de imaginación de muchas personas. Quizá toda la vida ha sido así, pero las redes lo ponen muy de manifiesto. Antes, cuando las cosas no eran ni rápidas ni fáciles, te las tenías que ingeniar para conseguir lo que querías, y me da en la nariz que éramos más rebeldes y espabiladitos. Recuerdo que en mi juventud una litrona (una botella de litro de cerveza) nos la bebíamos entre seis o siete y los cigarrillos se compraban de uno en uno, eso de comprar una cajetilla era impensable. Estoy convencida de que el hecho de no tener las cosas tan fáciles como ahora agudizaba el ingenio. ¿Os suena la frase «el hambre agudiza el ingenio»? Pues eso.

La sociedad está tan aburguesada que lo del ingenio parece relegado a hazañas de los abuelos del siglo pasado. A través de los comentarios de los haters observo que hay una parte de la sociedad bastante cuadriculada, y no me voy a cansar de repetirlo. Según ellos se nace, se estudia, se trabaja, se hipotecan con el piso, se tienen hijos, se acaba en la residencia y se muere. Los más atrevidos se endeudan para viajar en vacaciones y poder poner las fotos en Insta o el tiki-toki. Pero nada más. Veo cada día comentarios de mujeres y hombres de treinta años que se fijan más en mis cuestiones legales, en mis gafas Prada y en mis finanzas. ¿Serán todos ellos contables? Ejemplo: como deciden que el terreno es mío y uso gafas de la marca Prada, pues resulta que soy rica del cagar. No tienen inventiva para pensar: ¿estará haciendo publicidad de Prada?, ¿las compró de oferta?, ¿se las regalaron? ¿El terreno será de otro? ¿Será un intercambio? ¿O será que prefiere gastarse el dinero en otras cosas en vez de hipotecar su vida en un piso, en un coche o en una megapantalla para ver la tele? Se fijan en mis arrugas, pero no en el tesón y constancia para llevar a cabo el sueño de mi vida: **hacer una cabaña sin conocimiento alguno, a los setenta años en el bosque sin luz ni agua.** Simplemente no les cabe en su mentalidad estrecha y altamente consumista, pues al no tener vida propia tienen que consumir para aferrarse a lo que ellos consideran vida. Y todo lo que no se pueda comprar con dinero no lo entienden ni valoran, de la misma manera que yo no valoro su manera de vivir. ¿Tendrán sueños? ¿O solo quejas por no poder salir de la rueda del hámster? A través de las redes se puede hacer una radiografía de hacia dónde vamos como sociedad en general, y si solo se valora el estado físico —arrugas, gordura, granos, estándares de belleza—, se vive en un mundo basado en lo que los demás opinan, ¿cómo va a ser feliz la gente que no cumple con esos estándares? Y los que lo cumplen, ¿qué pasará cuando el tiempo externo deje su inexorable huella en sus cuerpos y rostros? Depresiones, mala leche por doquier, envidias y miedo, mucho miedo a no ser respetado, amado, aceptado, etc. El mundo sufre de una enfermedad letal: el miedo. El miedo hace que mintamos, que ignoremos, que no defendamos al otro, que callemos cuando tendríamos que alzar la voz, que manipulemos y nos manipulemos para no ver en nosotros aquello que criticamos en los demás. Callar es sinónimo de «no te metas en líos», ¿os suena? Mucha gente me dice cuando un hater suelta una bobada: «No pierdas tu tiempo», «pasa de largo», «es mejor callar»… A lo que yo siempre contesto: «No soy de callar, dado que, para mí, quien calla otorga y luego te quejarás de que algún familiar o amigo o conocido tiene un hijo que sufre *bullying* en la escuela, ¿dónde coño te crees que empieza el *bullying*? Yo te lo digo: con los padres en las redes sociales». El *bullying* es amargura pura y dura, y solo alguien cobarde es capaz de practicarlo con alguien que considera más débil que él. ¿Sabéis por qué? Porque el cobarde no soporta ver la cobardía en otro. Odia sentir su cobardía y la esconde detrás de bravuconadas que lanza escondido en un *nick* en redes sociales o en pandilla en el cole o en el trabajo. Aquel que ataca a alguien más débil o que cree que es más débil es un pobre diablo que no se soporta a sí mismo.

Y si tienes una cuenta en las redes sociales y te dan miedo los haters, recuerda lo que te he contado antes: las plataformas no entienden de haters, entienden de interacciones, así que cada vez que un o una descerebrada suelte su mierda contra ti dale las gracias, está dando más visibilidad a tu cuenta y la oportunidad de ser inmune a la cobardía ajena, a la cobardía de los cobardes, a la cobardía de los que no tienen vida, a la cobardía de los inútiles. Espero que te sirvan estas cuatro líneas cuando en tu quehacer diario en redes critiquen tu post.

Los haters son personas con muchas creencias limitantes que se quejan de lo poco que les sonríe la vida. Es normal, la vida solo sonríe a quien se sonríe a sí mismo. ¿Qué quiero decir con ello? Pues que no es más rico quien tiene más dinero, sino quien menos necesita. Y añado, si tenéis la capacidad de ver que no hay mal que por bien no venga, es irrelevante lo que la vida os traiga. Es más, si sois de los míos, sabréis que, si la vida te da limones, haz limonada; eso os hará sonreír a vosotros mismos. Y hará que veáis la parte buena de lo que no salió como querías. Y esa parte buena os abrirá puertas que ni tan siquiera sabíais que existían, como, por ejemplo, que alguien te deje un espacio en el bosque de mil metros cuadrados a cambio de cuidarlo, en modalidad de trueque. ¿Sabéis qué es lo que más envidiamos las personas, lo que más buscamos a lo largo de nuestra vida? A lo mejor me decís: seguridad, y os respondo: ¿qué significa la seguridad? Tranquilidad; ¿qué significa la tranquilidad? Paz; ¿qué significa la paz? Pues cuando una deja de pelearse consigo misma, es decir, con el mundo, esa paz significa sentir AMOR, y ese amor significa sentirse AGRADECIDA con la VIDA, y ese agradecimiento significa VALORAR lo que SÍ tenemos. Y al valorar lo que SÍ tenemos ¿qué ocurre? Redoble de tambores *ñoras* y *ñores*: FELICIDAD. Lo que más valoramos los humanos es ser felices, hay quien cree encontrar esa felicidad en cosas materiales, hay quien la encuentra en lo espiritual y hay quien la encuentra en su interior y la proyecta al exterior; sus ojos la irradian y su sonrisa también, y su ternura y amabilidad también, y eso no significa que si hay que dar un golpe en la mesa no se dé. Que muchas veces he visto a personas confundir la bondad con la tontería. Ser buena gente no quiere decir ser tonto. ¿Estamos? Cuando ves que el otro tiene lo que tú no puedes alcanzar por los motivos que sean (no hablo de dinero, ni de postureo, ni nada de eso), uno quiere un poquito de ello, y al apoyar a personas que irradian esa felicidad sentimos que nosotros también tenemos un poquito. Y entonces ocurren cosas mágicas: los amigos te regalan troncos para la siguiente cabaña, un aserradero te regala todas las maderas que necesitas, encuentras una bañera tirada en la calle, alguien te regala unas herramientas, y al final, acabas sintiendo que la vida te sonríe. Y cuando sientes eso, efectivamente te sonríe. Y en este punto cada una o cada uno vive a su manera esa enorme sonrisa que nos regala la vida cuando decimos lo que sentimos y hacemos lo que decimos. En definitiva, cuando hay coherencia con una/o misma/o sin importarnos lo que digan o piensen los demás.

Mucha luz entre la oscuridad

Aclarado el tema de los odiadores, voy a hablar del inmenso cariño que recibo cada día de mis seguidores. Lo primero que me han regalado es otorgar VALOR a mi trabajo. Lo segundo es darme cuenta de cómo poco a poco estoy creando una comunidad repleta de mujeres y hombres sabios que captan y comulgan con mi espíritu. Lo tercero que me han regalado las redes sociales es la secreta confirmación de que no estoy loca, y como decía Ketama en su canción de 1995: «No estamos locos, que sabemos lo que queremos, vive la vida igual que si fuera un sueño pero que nunca termina, que se pierde con el tiempo y buscarééé, oye buscaré». Te recomiendo que la busques en YouTube y la escuches con todos tus sentidos. Por cierto, que Antonio Carmona, líder de Ketama, también se definía como bohemio y soñador. La letra de esta canción me representa totalmente.

En este largo proceso de vida que ya llevo encima, recuerdo una anécdota que puede ilustrar todo lo que las redes sociales me están inspirando.

Cuando regresé de la India tenía muy claro que al periodismo científico no quería volver, así que, después de un doloroso proceso personal y existencial, decidí volcarme en la fotografía. Por aquel entonces en prensa se trabajaba mucho con las diapositivas (el digital no existía, las cámaras eran analógicas), porque eran la clara muestra de tu conocimiento de la luz, del conocido sistema de Ansel Adams para fotos en blanco y negro y de la nitidez de la imagen. En esto yo siempre patinaba, ninguna de mis imágenes tenía un foco definido. ¿Y eso? Porque tengo estrabismo y veo la vida a mi manera. Como resultado, me despidieron del diario por no dar ni una foto enfocada. ¿Y cuál fue mi reacción después de la sorpresa que ello me provocó? (Digo sorpresa porque yo las veía todas enfocadas, ja, ja, ja, eran los demás los que las veían fuera de foco). Pues bien, decidí poner mi energía en la fotografía artística y al revelar las imágenes en la cubeta las movía para que quedaran fuera de registro, maximizando el fuera de foco a tope. Trabajé con técnicas del siglo xix: cianotipias, papel salado, daguerrotipos, y mi cámara era una caja de zapatos (una estenopeica o Pinhole) con la que sacaba negativos de 20 × 30. Fue una época preciosa en la que pasé más hambre que un torero, pero que recuerdo con muchísimo cariño. Expuse en Barcelona, París, Berlín y mi última exposición fue en el Museo de Arte Contemporáneo de Girona. Incluso publiqué un artículo para la UNAM de México y hay una imagen mía expuesta en el Moma de Nueva York. Casi na, je, je. Más de una vez me llamaron la Susan Sontag española, pedazo piropazooo, pero como todo en esta vida llegó a su fin y empecé otro camino, del que aquí hoy no toca hablar.

Esta anécdota representa a las mil maravillas el famoso dicho de si la vida te da limones, haz limonada. Y esto es lo que, sin tener consciencia de ello, llevo haciendo mis últimos setenta años.

¿Y qué tienen que ver las redes sociales en esto? Todo. Gracias al proceso de ocupar espacio en las redes, gracias a los que me quieren bien, a todas esas personas que encuentran en mi manera de hacer inspiración para sus vidas, para llevar a cabo proyectos que por la razón que fuera se habían quedado estancados en un cajón. A todas y todos ellos, gracias mil por el inmenso cariño que post tras post me dedicáis. Creo que no voy muy desencaminada si os digo que estamos creando, entre todos, una muy bonita comunidad de locos soñadores. Vamos, gente, que SÍ podemos.

El pódcast *2edades*

Hacer cabañas ha tenido cosas buenas, cosas excelentes y cosas extraordinarias. Una de esas extraordinarias ha sido el hecho de conocer gente de la talla de Álvaro, de Hilux_aventura (lo podéis encontrar tanto en YouTube como en Insta), que vino desde Asturias en su caravana un mes de agosto de 2024 a 30 grados. Llegó, hizo una maravillosa entrevista y se marchó corriendo porque el pobre no aguantaba el terrible calor que estaba haciendo. Gracias a Álvaro conocí a otra maravillosa persona que vive sola en un bosque de Asturias y que está reconstruyendo una vieja casona que compró con sus ahorros: me refiero a María, @elcampuylamaria, y os recomiendo seguirla, es una delicia de personita. Y mis niños, mis maravillosos niños de veintidós y veintitrés añitos (Laia, Marc y Òscar) con una cuenta en YouTube e Insta que se llama @monxileros. Ellos fueron los artífices de una maravillosa entrevista que cuando la vi me emocionó tanto que me saltaron las lágrimas; por los comentarios que más tarde leí en su cuenta de YouTube no fui la única en emocionarse con dicha entrevista. Y así es como nació una bonita amistad y complicidad entre los cuatro, una amistad más un buen hacer profesional que consigue comunicar con el espectador una retahíla de emociones que no le dejan indiferente.

Un día Marc planteó la posibilidad de hacer un pódcast en el que reflejar nuestras opiniones sobre diferentes temas cuyo gancho estuviera en nuestras diferentes edades. Así nació el pódcast en YouTube e Instagram *2edades*, en el que debatimos temas desde nuestras dos edades, él veintitrés añitos y servidora setenta. Y es que la diferencia, como dice Marc, no está en la edad física, sino en las ganas de compartir y debatir desde diferentes vivencias generacionales; los dos sumamos, los dos aprendemos el uno del otro y los dos nos divertimos un montón. Y aquí no termina la cosa, hay más proyectos en marcha para 2026. Con ellos me siento en casa. Dato curioso: Marc y Laia, su pareja, son leo, y Òscar y servidora somos dos sagitarios. Mesa al completo repleta de fuegoooooo.

No se acaban las anécdotas. Construyo la chimenea de la tercera cabaña

La tercera cabaña ha visto y ha vivido momentos maravillosos, divertidos e intensos y momentos de desconcierto y terroríficos como el que viví con el accidente que ya he contado. Uno de los momentos que guardo con más cariño y donde constaté lo terriblemente tozuda que soy cuando quiero conseguir algo fue en la construcción de su chimenea; ya os he hablado al respecto, pero quiero detallarla a la perfección.

Os cuento. Había visto en un vídeo de bushcraft cómo construir una chimenea con piedras y decidí que quería hacer un hueco debajo de ella para guardar leña. En la primera intentona, al medio metro de haberla levantado me di cuenta de que empezaba a parecer más un horno de leña que una chimenea, así que ni corta ni perezosa la tiré al suelo. En la segunda, el hueco para guardar leña es muy pequeño, pero ya llevaba como un metro y medio de chimenea, y cuando me di cuenta de ello, me senté tranquilamente, monté la mesita para comer, puse en ella la cocinita que utilizo cuando quiero perderme en la cima de cualquier montaña, saqué del coche la pequeña neverita y una bolsa con queso rallado, un par de tomates, un ajito, cuatro huevos, otra bolsita con cilantro, una birrilla bien fresquita y un paquetito de lomo embuchado. De otra bolsa salieron dos platos, dos tenedores, un cuchillo, un vasito, servilletas de papel color morado, una sartén y un cacito para hacerme un té de canela y manzanilla recién recolectada por mí. Enciendo el fuego tras dos intentos, las cerillas estaban húmedas y jamás he conseguido hacer fuego con el ferrocerio (un pedernal), a pesar de haberlo intentado muchas veces, lo dejo para más adelante. Acto seguido coloco la sartén, vierto unas gotas de aceite y cuando está calentito, rompo dos huevos en él, y añado el lomo embuchado. Paralelamente, corto a rodajitas el ajito, lo mezclo con el cilantro y lo esparzo por el par de tomates recién cortados. Y abro la birrilla, y la espumita rica y fresca empieza a gorgotear como si de un mirlo se tratara. Dios, qué bien me sienta ese primer traguito. Estaba sedienta y no me había dado cuenta. Tranquilamente me siento en un tronquito cercano a la mesa, y sin prisa alguna me deleito en el sabor refrescante de las burbujitas de mi cervecita. Me sirvo los huevos fritos y coloco el plato con los tomatitos cerca. Saboreo lento y sin dejar de mirar la chimenea, como esperando que cada bocado que tomo me traiga la respuesta que ando buscando. ¿Tiro todo y empiezo de nuevo o lo dejo tal cual y sigo? Continúo comiendo tranquilamente y sin quitar la vista del sitio para que por arte de magia me llegue la inspiración; pero esta no llega. Así que una vez que voy terminando de comer dejo los platos en la mesa, tomo el cacito, lo lleno de agua y cuando voy a ponerlo en el fuego para hacerme la infusión, ZAS: la inspiración. Es tan fuerte que aparto el cazo del fuego, agarro la escarpa y el martillo y me lío a dar golpetazos para derrumbar la construcción. Parecía como si de golpe me hubiera dado un siroco y me hubiera vuelto loca, y mientras iba tirando al suelo las piedras, un subidón energético me confirmó lo que ya intuía y siempre me habían dicho tanto en mi casa, como los amigos, mi hija y mis parejas: pero qué tozuda eres. Cuando finalicé de tirarla toda al suelo, simplemente recogí los platos, la sartén, tenedores y las sobras de comida. Lo volví a guardar todo en su sitio y enfilé con el coche para casa. ¿El motivo? Quería empaparme de vídeos de chimeneas.

Dicho y hecho, pasé toda la tarde visionando vídeos de bushcrafteros construyendo chimeneas y a la mañana siguiente volví al ataque. Esta vez quería quedarme hasta el final de la tarde y como el tiempo era agradable, preparé todo lo necesario para quedarme a dormir en mi tienda de campaña encima del techo del coche. Me apetecía un día con su noche redondo, ¿quizá para saborear el placer de a la tercera va la vencida? Pues ni más ni menos, así que además de llevarme comida, bebida, cacito para el té, sartén y todo el menaje, puse en el coche el menaje nocturno (cojín, pijama, linternas, portátil para trabajar de noche, batería y placa solar para alimentar la batería del portátil, del móvil y de la nevera) y, cómo no, todo lo necesario para el bienestar de mi fiel compañero Trapella, de diecinueve añitos. Abro paréntesis para contaros que cuando empecé con las cabañas tenía dos perretes, Bebé, cuya foto llevo en la pantalla de mi móvil y que se fue al paraíso de los perrillos dos años antes que Trapi, y este, cuyo recuerdo llevo grabado en mi corazón. Ambos eran mis compañeros de aventuras y ambos se fueron muy viejitos, pero tienen huella y presencia en mi vida.

Una vez que tuve todo el pollo armado y en el coche, le puse el collar a Trapi y marchamos hacia la cabaña. Como él era ya muy viejito y le costaba caminar, construí en la parte trasera del coche una madera que se convertía en una gran cama cuando quitaba los asientos traseros y colocaba un colchón; de esta forma podía moverse y mirar por la ventanilla sin necesidad de quedar encerrado en un pequeño espacio a la hora de viajar o de ir a la montaña o simplemente de circular por esos mundos de Dios. El enano dormía en el coche y yo en la parte superior, en la tienda de campaña.

En cuanto llegué saqué en volandas al perro, lo coloqué en el suelo y mirando hacia mí su camita, puse su tazón lleno de agua y lo deposité al lado. Luego fui desembarcando todo el material, enchufé la nevera a la batería con su cable enlazado en la placa solar que había direccionado hacia el sur (menudo solete hacía), y una vez todo en su sitio, preparé la mezcla especial para juntar piedras de una chimenea. Manos a la obra. Hice una pausa para comer y sobre las siete de la tarde paré. Había levantado más de metro y medio y dejado un hermoso hueco para guardar leña, tal y como yo quería. «Sí que vale la pena deshacer lo que no te gusta y volver de nuevo al ataque», me dije. El esfuerzo siempre tiene esa sabrosa sensación de triunfo en el paladar y en la boca del estómago cuando ves el resultado hecho realidad. Recuerdo que lancé casi un aullido de satisfacción que reconfortó mis lumbares cargadas, respiré hondo, miré al enano, le di un beso morrocotudo en sus morrillos y le dije: «Vamos a dar una vuelta, que tanto tú como yo nos la hemos ganado a pulso».

Dimos esa pequeña vuelta y al regresar tras unos veinte minutillos, porque él no aguantaba mucho caminando, le di su comidita, lo metí dentro del coche y lo arropé. Por mi parte me quedé embelesada viendo un hermoso atardecer con la mesa preparada para una rica cenita y..., tachán..., un maravilloso verdejo fresquete que aguardaba en la nevera, listo para verterse en mi copa de vino preferida, que también saqué del fondo de la neverita. Me senté, tomé la copa en una mano y lancé un profundo respiro de honda satisfacción. No encuentro palabras para describir ese momento, mágico, exultante, vivificante, que hizo que me emocionara tanto que casi me saltan las lágrimas. Recuerdo que me quedé así, bebiendo a sorbitos el delicioso vinito blanco bien fresquito y contemplando cómo el sol se iba despidiendo del día y asomaba la carita una media naranjita de la luna. Faltaban unos días para que fuera luna llena y en esos previos siempre me ha reconfortado estar en la naturaleza para poder disfrutar de semejante regalo. Siempre que he podido, claro, porque cuando era urbanita esos regalos los veía al trasluz de una ventana en el mejor de los casos, y siempre con un sabor amargo y tristón en la boca, como si al contemplar la luna en toda su magnificencia me faltara algo. Creo que fue en esos atardeceres urbanos cuando empecé a conectar con la sensación de andar perdida en un mundo desconectado de lo que me hacía sentir viva: la madre naturaleza, y, sobre todo, las montañas, mis queridas montañas. Viviendo en una ciudad rodeada de dos montañas, solía ir a menudo a perderme en ellas y cada vez que volvía al redil una sensación de no sé qué (en esos tiempos lo vivía así) me asaltaba, agarrándome las tripas en una especie de retortijón inexplicable que acababa siempre en una llantina chiquita pero persistente. Llegó un día en que tuve que introducir mis dedos en una maceta con tierra de una concurrida calle que lucía un ficus medio hecho polvo de una archiconocida y lujosísima tienda de ropa. Ahí fue cuando percibí que algo en mí tenía que tomar un giro radical. Me sentía encerrada en aquella ciudad, me pasa en cualquier ciudad, en cuanto piso cemento. Me asfixio literalmente hablando. Es por esa época, hace ya unos veinte años, cuando mis salidas al campo empiezan a alargarse y un buen día, contemplando las montañas del norte de Girona, en concreto de la zona de Osona (el cerro del Collsacabra), entendí que yo en otra vida fui montaña. Y ahí todo empezó a tener sentido para mí. Un sentido que solo puede ser entendido y compartido por personas que tengan las mismas reacciones viscerales que servidora ante el olor a tierra mojada, el sonido de los riachuelos, el crac de la tierra al ser pisada, esa peculiar sensación de paz al notar las caricias del viento en la piel y el sentir que lo que vemos fuera es la extensión de lo que sentimos dentro de nosotras mismas. Y es así como la tierra, el bosque y la naturaleza se vuelven sagrados, enigmáticos, poderosos, sanadores y maestros de nuestro pasar por estos lares.

Y salió la luna lunita lunera cascabelera, y yo, con un movimiento meticuloso y casi casi grandilocuente, me levanté para ir a buscar una de las linternas solares que había traído. Dejé la copa en la mesa y coloqué la linterna en una esquina de la construcción de la cabaña, que estaba bastante avanzada. Un claro de luz rodeó el espacio donde iba a cenar, y como había traído dos linternas, coloqué la segunda en la otra esquina, configurando un buen haz de luz para poder cocinar, comer y trabajar un poco en la edición de un vídeo en el portátil. Se levantó una suave brisilla que me hizo sentir un leve escalofrío, así que tomé el chal preparado para ese menester y con suavidad me lo pasé por los hombros hasta sentir el delicioso calor de la tela. Tomé un sorbito de ese néctar de verdejo fresquito y empecé a prepararme la cena. Había traído de casa una rica ensaladilla rusa, que me encanta, varios quesos (un Idiazábal, cabra y mi prefe, *tête de moine*). Y la fiesta empezó por todo lo alto. De vez en cuando lanzaba furtivas miradas a la chimenea y al espacio para guardar leña, sonreía llena de satisfacción, y a pesar de todos los posibles defectos que tuviera —que los tuvo—, no podía dejar de sentirme grande, muy grande y satisfecha por descubrir: a) mi tozudez y b) que si una quiere, puede, pero falta que lo quiera desde lo más profundo de sus tripas. Y es que a veces querer sí queremos, pero nos amilanamos ante las pruebas que tiene a bien ponernos la vida o quien sea para conseguir ese sueño. Y fijaos que ahora que estoy escribiendo esto, caigo en la cuenta de que en ese justo momento fue cuando nació mi frase favorita, que he repetido y repito constantemente: «Querer es poder».

Cosas mágicas que ocurren cuando se cae una pared de la tercera cabaña

Justo unos meses antes de mi bronquitis aguda del 11 de agosto de 2025, allí por el mes de marzo, empiezo a ver que la pared norte de la tercera cabaña (recordad que está construida con piedras, troncos viejos con carcoma y balas de paja) empieza a resquebrajarse después de las intensas lluvias de principio de año. No le doy mucha importancia, pero la cosa se pone seria cuando en un fin de semana caen cerca de 300 litros de agua. BUM, en ese momento soy consciente del estado real de las paredes de la cabaña. *Grosso modo* ya lo he contado en un capítulo anterior, así que voy a ir directa al grano. La pared norte de la tercera cabaña acaba de casi casi caer, menudo marrón, me digo, ¿y ahora qué? Pues, querida (soliloquio conmigo misma), toca tirar toda la cabaña al suelo y reconvertirla bien en un pequeño huertecito, bien en un invernadero, bien en un pequeño gallinero. Ha sido la gran maestra, ha sido con la que he aprendido qué carajo es la carcoma, qué carajo es el duramen, cómo identificar un árbol viejo de uno joven y verde, cómo realizar las mezclas de cal, arcilla, paja y arena, cómo se hace una lechada de cal o una barbotina, cómo cuadrar con el teorema de Pitágoras un terreno, cómo utilizar el alambre, con ella he aprendido que tipo de madera es apta para hacer cabañas y cuál no; en mi caso me decanto por el castaño, primero porque en esta zona es un árbol muy extendido y segundo porque es muy fácil de trabajar y por lo tanto aprender a hacer encajes y ensambles con él. Y como cuando pasó el accidente con Pitu, ¿recordáis? Todavía desconocía todo este mundo, me dediqué a recoger troncos que encontraba por el bosque, ergo todos los troncos están fatal. ¿Y qué pasó? Pues que la mayoría son haya o roble y el roble es una madera superdura. Recuerdo que se me hizo imposible poder clavar los clavos, y si uno se fija bien, se puede observar cómo hay muchos clavos que no están hundidos del todo y en su lugar luce un oxidado alambre a modo de unión entre un tronco y otro.

Volviendo a la pared de marras, me apetece contaros la historia con Pedro y su implicación en la deconstrucción de la susodicha y la edificación del cagadero de la cuarta cabaña.

Ya os he explicado que la tercera cabaña, hecha con balas de paja y bioconstrucción, tengo que derribarla, ¿sí? Pero tenía unos ventanales muy bonitos que quería recuperar para la cuarta cabaña. Yo sola no podía, es una sola pieza de 4 metros de largo por casi 2 de ancho, de madera, con dos grandes cristales y una ventanita chiquita con su puertecita incluida; vamos, mucho peso, y peligroso si se caían los cristales. No tenía ni idea de cómo lo iba a solucionar.

Abro paréntesis: la mayoría de las veces no tengo ni idea de por dónde saldrá el sol, ja, ja, ja. Yo propongo una meta o un objetivo y dejo que la vida, o lo que sea, decida por mí. ¿Que por donde yo quiero no funciona? No *problemo*, suelto, dejo ir, me abro y acepto lo que venga. He descubierto que lo que viene suele ser mejor que mi primera propuesta o deseo, así que cuando eso ocurre respiro hondo y me digo «dale, Maripili, dale», y Maripili y yo, es decir, mí con yo, nos vamos a dar una vuelta y nos echamos unas risas. Funciona. Pero claro, para que funcione tienes que soltar el control de todo o, como digo yo, soltar las riendas del caballo y confiar en que el caballo nos ofrecerá una mejor versión adecuada a nuestra historia. Y te preguntarás, ¿y para qué? ¿Acaso tu inicial deseo no era adecuado? Respuesta: para mí, eso es como seguir nuestro instinto, ese que hace que en vez de coger por el camino de la derecha sigas recto y a la mañana siguiente te enteres de que justo por donde ibas a pasar se cayeron unas rocas, glups, que te hubieran podido pillar.

Retomo el hilo. Una tarde de finales de agosto de 2025, aparcando el coche, me topé con un hombre de unos cincuenta y tantos años al que nunca había visto en el pueblo y que paseaba dos hermosos perros. Nuestras miradas se cruzaron e instintivamente le dije: «Vas bien acompañado, ¿eh?». El hombre se paró, se acercó a mí y empezamos a hablar. Resultó ser de Extremadura, iba en su furgoneta camperizada a los Alpes Suizos y había aterrizado en el pueblo por azar. Pues bien, ese azar terminó con una invitación a la cabaña, donde le expliqué que tenía que tirar la pared norte. Pedro, que así se llama, se ofreció a ayudarme y quedamos para el día siguiente.

A la mañana siguiente Pedro vino con sus dos perretes y nos pusimos manos a la obra, y mientras estábamos calibrando cómo podríamos entre los dos desmontar semejante mamotreto aparece Vincent por el camino de la cabaña. Justo acabábamos de ver que nos haría falta una tercera persona, porque mientras él desmontaba por arriba, abajo yo sola no podía sostener tan pesada armadura. Flipé. Hacía mucho tiempo que no veía a Vincent y, de pronto y de la nada, apareció en el preciso instante en que más falta hacía una tercera persona. Este tipo de cosas son muy pero que muy normales en mi vida, y con el tiempo he descubierto que son producto de soltar las amarras y el control; yo propongo, y mi mujer sabia dispone lo que tiene que ser para, descubrí hace tiempo, mi evolución personal. Esto no tiene precio, y justo eso es lo que hace que muchos vídeos míos en Insta y en YouTube contengan la siguiente frase: «Con los años se me caen las tetas pero se me agudiza la inteligencia», cosa que me parece bien, muy pero que muy bien. ¿Sabéis por qué? Pues porque soltar el control de nuestra vida es la base para vivir en paz y armonía sin estar sujeto a nada ni a nadie, la base para sentir la libertad de movimiento interno, dado que las barreras externas egoicas no tienen ningún poder sobre la persona que así se vive. Los demás siempre andan cabreados, como me sucedía a mí antaño cuando algo no sale como quieren o cuando quieren, y lo más fácil siempre es culpar al otro o a los otros o a algo externo. Lamento anunciar que siempre es una ante una misma.

Y no lo digo porque haya leído libros de autoayuda, no, mi afirmación está basada en mi propia experiencia, y esta no le vale a otra, es intrínsecamente mía. Si os resuena, excelente, investigad por vosotras mismas y observad qué ocurre en vuestro interior cuando sentís que lo externo te está frenando, o cuando sentís que lo externo no encaja con vuestro deseo egoico; observad ese cabreo y decidid conscientemente cómo vais a vivirlo, ¿sí? Y si no os resuena tirad el libro a la basura, je, je. En fin, gracias a la aparición de Vincent se pudieron desmontar sin estropicio alguno y a la mañana siguiente con el serrucho, que me costó lo mío, dividí ese gran ventanal en dos partes: en una las dos ventanas sin puerta y en la otra la ventanita con puerta. En la actualidad lucen ambas muy dignas ellas en la cuarta cabaña, unas en la parte central y la otra en la lateral izquierda. Fijaos en los vídeos de YouTube porque todo lo que escribo en este libro lo podéis encontrar en mi canal *Yayabushcraft*.

Un cafelito mañanero de veinte minutos

Hay un ritual en mi vida que realizo todas las mañanas antes de ir a la cabaña. Mi cafetito en la panadería del pueblo, que no digo su nombre para proteger tanto mi intimidad como mi seguridad. Soy altamente celosa de mi privacidad, por eso hago cabañas lejos de la civilización, o lo más lejos posible, porque me gusta estar sola e ir a mi bola. Y es que nunca estoy sola, siempre estoy conmigo misma, somos yo y mí o mí y yo. A lo que iba, Tanen, que es la propietaria del establecimiento, me hace reír siempre con sus expresiones faciales. En ese pequeño y sacrosanto lugar nos reunimos casi siempre los mismos: Josep Maria, la persona que me llevó a urgencias cuando me clavé la gubia y tuvieron que darme tres puntos; Isabel (una señora de noventa años argentina) y su hija Patri; Dolors, una vecina muy divertida; Carmen y Laura (dos maravillosas mujeres con las que me río mucho también), y a veces se apunta el padre de Tanen, un hombre de bosque con enormes conocimientos sobre hierbas medicinales y sobre todas las montañas de la zona, que se conoce como la palma de su mano; yo lo considero un *bruixot* (brujito). Si os fijáis, en todo lo que hago siempre hay un denominador común: la risa. O me río y soy tu amiga o me aburro y me doy el piro. Siempre ha sido así, pero con la edad se me ha acentuado la facilidad que tengo para decir lo que pienso. Recordad: «**Tetas caídas pero inteligencia agudizada**», y eso quiere decir que es difícil que me calle si tengo que mandaros a Pernambuco. Ahora que pienso, últimamente esto de mandar al personal a Pernambuco se me está agudizando y es que hay cada una y cada uno... En fin, callo, que ya sabéis que esto que escribo tiene que pasar el control de mi editora... Lo dicho, me declaro adicta a la risa, y sobre todo a reírme de mí misma, y por extensión de todo lo demás, y es que la risa tiene el noble arte de desdramatizar lo que nos encanta dramatizar. ¡Cómo nos mola el drama, eh, gente!

Hay otro lugar al que los lunes, cuando Tanen tiene cerrado, voy a tomar el cafelito: la única tienda que hay. Es un sitio encantador, y en invierno es para mí como una vuelta atrás en el tiempo. El olor a leña de una vieja estufa, que no veas como calienta la estancia, me recuerda a mi infancia en Sant Quirze de Besora. Ambos sitios son espacios muy especiales para mí, recuerda que soy una exurbanita que ha tenido la oportunidad de dejar la gran ciudad (hace ya veinticinco años, cómo pasa el tiempo) y que por lo tanto oler, percibir y disfrutar de esos pequeños momentos son caricias para mi alma, ávida de autenticidad en las pequeñas cosas de antaño. Y esto no es de ahora que me hago mayor, esto ha sido toda mi vida. Jamás me integré en una ciudad ni en la vida de una ciudad, vacía y carente de sentido para mí, donde todo parece estar diseñado de cara a la galería y donde lo más difícil que se hace es pasar un semáforo en rojo. No digo que no ocurra lo mismo en los pueblos pequeños, pero como suelen trabajar en el bosque o en el campo, no tienen tiempo para tantas tonterías y no tienen semáforos.

Un día del invierno pasado, recuerdo que salió en la conversación matutina el fenómeno de la llamada «suerte» en la vida. Hablaban de otra persona y comentaban la suerte que había tenido a lo largo de su vida. El tema se me quedó grabado porque para más inri justo esa misma mañana, en uno de mis posts, varias personas dijeron de mí lo mismo, y siguen diciéndolo.

Cuando cuento que me han dejado el terreno para hacer las cabañas, o que mis amigos me regalaron para mi sesenta y nueve cumple los troncos base de la cuarta, o que me regalan las herramientas que salen en los vídeos o que las maderas que utilizo son un regalo de Josep que tiene un aserradero, suelen decir eso, «qué suerte tienes».

En otros capítulos ya lo he dicho, en mi vida han ocurrido y ocurren cosas mágicas, quizá porque yo creo en la magia de la vida, no lo sé del todo bien, pero sí sé que me suceden cosas muy muy especiales que no viene a cuento contar aquí. La última, la aparición de Pedro y de Vincent el mismo día que necesitaba desmontar la pared norte de la tercera cabaña para recuperar las ventanas de cristal. Este sería un buen apartado para hablar de física cuántica, de la que soy una total fan, dado que es la física de todas las probabilidades (recuerda que provengo del periodismo científico y soy una rata de biblioteca). En plan coloquial seguro que todas y todos habéis oído hablar de «lo que crees, lo estás creando», ¿verdad? Así que, si crees que no puedes hacer nada sin dinero, efectivamente no podrás hacer nada sin dinero, pero si crees que el dinero no es un impedimento para hacer lo que quieres hacer, estás abriendo tu mente a una gran cantidad de oportunidades que la mente que cree que no puede jamás entenderá ni podrá ver ni oler. En este sentido y para los que estáis en mi misma línea os recomiendo un libro muy interesante de un científico y biólogo inglés llamado Rupert Sheldrake, padre de los campos mórficos, además de autor de un maravilloso libro que explora la fuerza de los intangibles: *El séptimo sentido: la mente extendida*. Os lo recomiendo encarecidamente. Es uno de los primeros científicos en ahondar y divulgar todos aquellos fenómenos que la mente racional y cartesiana no puede explicar.

Y es así como me salen las cosas y las oportunidades **que yo misma genero al creer en que nada es im-posible excepto lo que nuestra mente crea que es im-posible.** Así que cuando os entren dudas de si podréis o no llevar a cabo vuestro sueño, objetivo o meta, examinad quién dentro de vosotros sí cree que podréis o no, y luego hacedlo, hacedlo y hacedlo.

Haciendo es como me he dado cuenta de que SÍ podía

aprender a hacer cabañas, a levantar troncos que pesan un ovario y parte del otro, a entender los puñeteros ángulos para que los troncos tengan estabilidad o encajen, y así un largo etcétera, que solo cuando echo la vista atrás y veo todo lo que he logrado en tan solo dos años, no puedo reprimir el grito de guerra de mis ancestras (que ellas tuvieron que reprimir) OLEEE MIS REALES OVARIOS, le pese a quien le pese.

En la actualidad, 26 de noviembre de 2025, la cabaña aún no está terminada, queda todavía colocar el suelo de madera y hacer la puerta de entrada. Calculo que para finales de este año 2025 lo terminaré, y ya en 2026 atacaré los acabados y la decoración interna de la cabaña.

Así que esto no ha terminado todavía. Cuando empecé con esta gran aventura a mis sesenta y ocho años enfilé un camino sin saber a dónde iba, y casi tres años más tarde empiezo a ver por dónde van los tiros, que no quiere decir que sepa con exactitud cuál es el camino, porque ya sabéis que he aprendido que hay que proponer temas y objetivos, pero que dejo en manos de mi mujer sabia el verdadero camino que seguir. Y es así como la belleza de lo desconocido, eso que nos hace sentir la fragilidad de la propia vida, dibuja en el arcoíris de los deseos burbujas de iconos que uno puede tocar sin ser tocado por ellos.

A ese intrínseco acto lo llamo libertad.

Nos leemos en la siguiente..., y que la fuerza de vuestro corazón acompañe vuestros más intrínsecos sueños.

EPÍLOGO

Cuando me preguntan de dónde me nace el gusto por la aventura o por hacer cabañas a los setenta años (bueno, empecé con sesenta y ocho), me doy cuenta, gracias a escribir este libro, de que la experiencia de aquel día en la playa de Els Munts en Torredembarra fue crucial. Lo que todavía no tengo claro del todo es qué fue lo que más me influyó, si el enorme placer de haber visto una playa virgen y haber vivido una experiencia tan excitante para una niña de ocho años ávida de aventuras o el gran castigo que mi madre me aplicó cuando llegamos al pueblo pasadas las nueve de la noche (suerte que era verano y se hace oscuro alrededor de las diez), con todo el pueblo buscándonos como locos, Guardia Civil incluida, llantos histéricos de mi madre incluidos también. A la mañana siguiente era mi santo (agosto de 1962) y mi regalo fue una larga cuerda atada a mi tobillo derecho que me permitía ir del balcón que daba a la playa (donde podía contemplar como los niños buenos disfrutaban del mar) al cuarto de baño. Creo que ahí, en ese minúsculo apartamento y expuesta al escarnio público y a las risas de mis amiguitos por mi aventura con Josephine, nació la rebelde que siempre he sido; ese día de agosto de 1962 se forjó la mujer peleona, aventurera e iconoclasta que soy y que siempre he sido.

A Josephine no la castigaron, y vino a verme al balcón consolándome con calurosas palabras de amiga incondicional. Lástima que no volviera a verla nunca más. Te guardo en mis recuerdos y en mi corazón, *ma cher mimi.*

Martes, 25 de febrero de 2025

Hace un frío del carajo, coñe, hasta las pestañas tengo congeladas y son cerca de las nueve de la mañana. No es broma, he intentado abrir la puerta del coche y me cuesta porque está congelada. Voy a por agua caliente a ver si el hielo se deshace un poco y puedo abrir la puerta. Suerte que siempre llevo el anticongelante a mano por si acaso. En la montaña nunca se sabe y otra cosa que mi buen amigo Carlitus siempre me ha dicho es dejar el coche en pendiente, pues si no te arranca por tema batería, siempre podrás encenderlo cuesta abajo sin marchas. Tengo que decir que hace como un par de semanas me ocurrió lo que Carlitus dice y el coche arrancó con esa maniobra. Espero que hoy no me ocurra lo mismo, tengo que bajar al pueblo a comprar, que ando casi a cero de todo, mi nevera está que tiembla y no de frío precisamente, je, je. Primer intento, el motor hace amago de rugir, pero nada más; segundo intento, que sí que sí, pero no que no, y a la tercera va la vencida, buf, menos mal, pienso, si al final me voy a tener que comprar un burrito y un carro. Dejo el motor un ratito en ralentí para que se vaya calentando, mi 4×4 tiene ya cerca de treinta años y necesita mimos y cuidados. Mientras oigo el suave rugir del motor reviso mis mensajes y aprovecho para contestar o llamar. A los cinco minutitos dejo el móvil y me dirijo hacia la fuente donde suelo ir a por agua. Luego (voy recitando mentalmente) tengo que ir al mercadillo, a la ferretería y a la herboristería, que me he quedado sin clavos de olor y sin canela; mastico y como tres clavos de olor al día (es un potente antioxidante y antimicrobiano entre otras propiedades), y me gusta hacer mis tecitos a base de clavo y canela, al que añado otras especias, según el día, como manzanilla, orégano, cardamomo o jengibre. El té de romero suelo tomarlo a media tarde, ya que siento que aumenta mi memoria y fortalece mis huesitos. Y ya sabéis que aquello que creemos, creamos, ¿verdad? A los escépticos siempre les hago la misma pregunta: ¿crees en Dios? Y si me contestan que sí, les digo lo que ellos suelen responderme cuando hablo de las propiedades curativas de esto o aquello: la ciencia no lo ha podido demostrar. Y así les chapo la boca. Es divertido escuchar a personas que dicen creer en Dios negar la existencia de otras creencias como por ejemplo el placebo de tal o cual remedio homeopático, de tal o cual hierba, de tal o cual terapia o de tal o cual creencia como los universos paralelos, el poder de los toroides y un largo ejemplo de conceptos intangibles. Conceptos que para más inri prácticamente todo el mundo en algún momento de su vida ha experimentado, como por ejemplo sentir que te va a llamar algún ser querido y va y te llama, o sentir que algo no va bien y algo pasa, o decidir no pasar por un sitio (esto lo he vivido yo con mis perrillos cuando íbamos a pasear por el bosque) y que por donde ibas a ir haya ocurrido algo. Recuerdo cómo ese **sexto o séptimo sentido** del que habla Sheldrake en el libro que os he recomendado unas líneas más arriba se agudizó mucho con mis tres perros cuando me los llevaba al bosque a pasear. Y es que el tema era el siguiente: íbamos tan tranquilos ellos corriendo y yo con el coche (utilizaba este método para hacerlos correr) y de golpe algo me decía «para y mete los perros en el coche». Y sin cuestionarme nada, paraba el coche y los hacía entrar. Pues bien, casi siempre resultaba que unos metros más adelante me encontraba con perros de caza sueltos o con algún jabalí solo o con las crías. Gracias a escuchar mi sexto sentido nos ahorramos más de un disgusto serio, porque uno de mis perros, Bebé, era cazadora y Trapi tenía mezcla, así que zafarrancho de combate asegurado. Buf, adoro mi sexto y mi séptimo sentido y los sigo a rajatabla aún a riesgo de ser llamada neurótica. Cuando algo no me «suena bien» lo aparto sin preguntas y sin cuestionar nada. Sigo a pies juntillas lo que mi energía me dicta. Hasta la fecha solo un par de veces me ha fallado.

Y se me ha pasado casi la mañana entera entre mi cafetito mañanero, ir a por agua a la fuente para hacer mis morteritos de cal, arcilla y paja y bajar al pueblo para ir a la herboristería, a la ferretería y a la carnicería, más acercarme al mercadillo para comprar cuatro verduritas, pues soy una gran devoradora de brócoli, zanahorias, espinacas, acelgas sobre todo las de color rojo, que ahora tengo plantadas en mi huerto, lo mismo que las zanahorias, guisantes, habas, ajos y cebollas. Hoy en día, poco es lo que ya voy al mercado a comprar, porque o bien me regalan patatas, tomatitos, cebollitas, ajitos y calabazas (que por cierto también tengo en el huerto) o bien las cosecho yo. Este año me regalan más que cosecho, pero estoy segura de que la próxima primavera me voy a poner las botas con mis propias verduritas. ¿Habéis tenido la gran suerte de comer zanahorias recién cosechadas? ¿O perejil cogido de la mata? ¿O tomatitos? Ay, Dios, eso es gloria divina. Ahora se me hace difícil comprar en el mercado después de haber probado estas delicias cultivadas con cero químicos. He aprendido a hacer mis propios fertilizantes con cáscaras de huevos y toda clase de mondaduras de verdura o fruta, así como a utilizar plantas como el tabaco para la mosca blanca, o el orégano o la albahaca, también tengo claveles moros o tagetes, romero, tomillo, capuchinas, poleo menta, menta, hierbaluisa (me encanta su olor y su sabor en infusiones), manzanilla silvestre, azahar y ruda, que sirve tanto para espantar mosquitos como personas. En casa me gusta hacer (ya os lo he contado) mejunjes como el alcohol de romero y de ruda, y además he aprendido a realizar una loción muy refrescante para esos días horrorosos de canícula veraniega, y es la siguiente: tres cuartas partes de alcohol de 96 por ciento, una cuarta parte de agua y cáscara de naranja seca, lavanda y canela. Lo dejo macerar cuarenta días a oscuras y dándole un meneíto cada día. Le suelo poner unas gotitas de aceite esencial de lavanda y otras de vitamina E para que se conserve más tiempo la mezcla y listos, huele de maravilla. Este verano la he utilizado para refrescarme y ha sido un gran descubrimiento. Y antes de dormir, alcohol de romero en la planta de los pies y duermo como un bebé. Claro que todas estas recetas son ideales para todas las brujitas y brujtos que bien me leéis ahora, bien me seguís en redes sociales. Y si sabéis más os animo a que me las contéis en mi Insta, porfa, que me chiflan estas cosas. De antemano gracias mil, gente bonita.

Ya de vuelta en casa, he dejado toda la compra y me he preparado el almuerzo para llevarme a la cabaña, comer allí y seguir trabajando. En esta época del año ando liada entre la pared norte, que estoy cerrando con troncos curados, y las paredes, que recubro con arcilla y paja por dentro, y arcilla, paja y cal por fuera. ¿Por qué por dentro lo hago sin cal? Porque no hace falta al ser interior, sin embargo, el exterior está expuesto a cambios de temperatura y sobre todo a las lluvias, a pesar de haber hecho un buen alerón al tejado de la cuarta cabaña. Y tal como he explicado en capítulos anteriores, tengo ratoncitos de visita y no estoy dispuesta a que esto se convierta en su chiquipark particular, tal y como ya me sucedió con los jabalíes cuando hice por primera vez el huerto de *hügelkultur*, un procedimiento de cultivo muy interesante desarrollado por un biólogo austriaco llamado Josef «Sepp» Holzer. Holzer es autor de varios libros sobre permacultura, y si estos temas os interesan, os aconsejo visionar el documental *The Rebel Farmer*, dirigido por Bertram Verhaag. Lo llaman el agricultor rebelde porque en las 45 hectáreas que tiene de terreno ha reforestado y construido terrazas y sistemas de retención de agua en un clima frío como es el de Austria a más de 1.300 metros de altitud sobre el nivel del mar, utilizando técnicas desarrolladas por él y consideradas prohibidas por el Gobierno austriaco. Todo ello le ha acarreado muchas multas, tantas que a Holzer le gusta decir que es el agricultor austriaco más multado. Esta anécdota me recuerda a otro agricultor, esta vez catalán y llamado también Josep, que hasta la fecha es el agricultor español con más multas por difundir sus creencias en plantas medicinales que el Gobierno tanto español como catalán han decidido prohibir. No digo nada más que luego ya sabéis, ¿verdad? La editora me *canea*, ja, ja, ja.

Y nada, para la cabaña que voy con lo necesario para cocinarme en el fuego de mi chimenea una suculenta sopita de habas y unas costillitas a la brasa, con cebollitas que dejo en el mismo fuego y una cabeza de ajos.

Termino de comer sobre las dos y media y como siempre antes de ponerme a trabajar, guardo las cosas de la comida para poder despejar la mesa y decidir qué voy a hacer: si continúo con los morteros o me pongo manos a la obra con los premarcos de las ventanas. He decidido hacer lo segundo. Justo cuando estoy empezando a sacar las herramientas del coche para trabajar con los premarcos, comienza a caer una fina lluvia que al poco tiempo se convierte en un tormentón que nadie se esperaba. A toda prisa recojo el material y me refugio en el interior de la cabaña, donde el fueguecito me ofrece un magnífico refugio. Ni corta ni perezosa, me siento en la destartalada silla de madera que tengo que arreglar y sin más me quedo escuchando el acogedor silencio del lugar, salpicado por el murmullo de la lluvia al chocar contra el suelo y el suave y dulce crepitar de las lenguas de colores del fueguecito. De pronto me invade una ñoña cálida, suave, dulce y relajante. Todo a mi alrededor huele a gloria divina. ¿Me habré muerto y estoy en el paraíso? Se me cierran los ojos, los párpados pesados, la babilla casi casi en estado prolongado y desmayándose a lo largo de mi comisura derecha, y de pronto BUUM, pego un brinco de la silla, el corazón se me dispara. ¿Qué coño ha sido eso? Y un fulgor inesperado cruza por la retina de mi ojo izquierdo como queriendo saludar a la babilla paralizada en la comisura derecha, y otro estruendoso trueno me deja de nuevo con el corazón disminuido en una leve apnea. Es el diluvio universal y veo con horror cómo el agua cae a borbotones, a tal velocidad y con tanta intensidad que en menos de lo que canta un gallo veo cómo entra por los marcos de la ventana, por un hueco de la chimenea que no está del todo cerrado y sale por el suelo. Por el techo no pasa nada, está todo bien cerrado. Lo cerré con el mortero de cal y paja, ¿recordáis? La que se ha liado en décimas de segundo. ¡Qué locura! ¿Y ahora qué? ¿Saco los remos o me pongo el chubasquero e intento llegar hasta el coche? Pues ya me veis, saliendo con el chubasquero puesto corriendo hacia el coche, guardando las cosas como puedo y quedando tan empapada como si acabara de salir de la ducha. Consigo meterme dentro del coche, pero es tal la cantidad de agua que baja por la ladera derecha de la montaña que me paro y pienso «Si sales ahora corres el riesgo de quedarte embarrada», así que apago el motor y decido volver a salir del coche para ir a refugiarme dentro de la cabaña, al menos ahí tengo fuego y puedo levantar los pies a pesar del agua que está entrando por el suelo. Me coloco bien el chubasquero e inspecciono el lugar. Increíble cómo el agua brota de dentro de las entrañas de la tierra, de golpe el terreno parece las cataratas del Niágara y el agua marca surcos donde antes todo era plano. El ruido ensordecedor de los truenos y el refulgir de los relámpagos me hace recordar a esas pelis de miedo que una ve sentadita en el sofá de casa, con la estufita de leña encendida y una reconfortante tacita de té bien caliente. Justo todo lo contrario de lo que estoy viviendo yo, en este preciso momento. BUUM de nuevo, y de pronto oigo un fuerte ruido de desgarre que me hace girar de golpe, justo a tiempo para ver cómo uno de los viejos pinos que hay al fondo de mi pedacito de bosque se desploma lentamente sobre otro viejo pino que está cediendo poco a poco. ¡¡Joder!! Son árboles de 15 a 20 metros de altura, este me pilla... Por suerte no cae en mi dirección y quedan encallados los dos troncazos entre otros tres troncazos que los rodeaban. Me he quedado clavada mojándome como un pollo observando un espectáculo que dudo mucho vuelva a presenciar nunca más en mi vida. **El corazón me late a 20.000 por hora y la mente se ha quedado en blanco, absorta en la imagen que acabo de presenciar y paseando los ojos por la gran cantidad de agua que sigue brotando de la tierra.** El agua resbala impunemente por mi cara, como si quisiera darme un cachetito para espabilarme, y lo cierto es que lo consigue. Media vuelta y de nuevo para la cabaña, que ahora ya luce con cinco dedos de agua en el suelo; se me ocurre mirar un pequeño drenaje que había hecho justo para prevenir algo parecido, pero como llevábamos tres años sin que lloviera ya ni lo recordaba: el agua está estancada ahí y, claro, como no tiene salida se acumula en el interior. Así que me dirijo corriendo para la tercera cabaña, tomo el pico, vuelvo al lugar donde está el pequeño drenaje y me lío con el pico para abrir camino a esa agua que está causando estragos dentro.

Cuando estaba haciendo la base un amigo me habló de los drenajes franceses, busqué información y descubrí que eran fáciles de hacer. Se trata de enrollar en tela asfáltica piedrecitas pequeñas y grandes que absorben el agua y cuya finalidad es impedir lo que me estaba ocurriendo a mí, pero como no alargué la salida, si llueve mucho el agua no tiene por dónde circular y se acumula. Ni qué deciros que, si ya estaba empapada hasta las cejas con todo el trabajo que me lie a realizar, ahora simplemente chorreaba agua por todas partes menos por una: el cierre del chubasquero, que es militar, imaginaos la cantidad de agua que estaba cayendo.

Después de unos veinte minutos de cavar la tierra y alargar el recorrido, logré que el agua se fuera vaciando y circulando desnivel abajo. Volví al interior de la cabaña y observé que el agua había bajado de nivel y ahora ya se veían las piedrecitas que tengo en el suelo. Me senté en la silla y avivé el fuego en pos de un calorcillo que había desaparecido de mis huesos y empezaba a sentir frío. Seguía cayendo la del pulpo. Entonces recordé que en un rincón de la cabaña del lado sur, justo donde tenía la cocinilla, permanecía, silenciosa ella, una botellita de vinito tinto, un riberita del Duero descorchado un par de días antes. Me serví un buen traguito intentando calentarme. Lo saboreé lentamente dejando que ese sabor a roble añejo se pasease sutilmente por mis cuerdas vocales. Extiendo las manos para almacenar el calor que sale del rico fueguito y luego las coloco sobre mi rostro. Es una vieja técnica que aprendí en la India para devolver al circuito sanguíneo el calor que el cuerpo ha perdido. Siempre que lo he hecho me ha funcionado: cierro los ojos y aplico las manos calientes encima del rostro y siento ese calorcillo en mis párpados, ese simple acto me relaja y calma mi sistema nervioso, claro que, si encima llevo una copita de Ribera del Duero, más el calorcillo que llega directo de la chimenea, pues mejor. Tengo que decir que frío no hacía, pero humedad un montón, y esta zona que habito —¿o me habita ella? Tengo serias dudas al respecto (recordad que una vez fui montaña)— es una zona rica en manantiales subterráneos, con un riachuelo bastante caudaloso que la cruza y con mucha agua que sale a borbotones por las entrañas de la tierra. Como contrapartida, es una zona verde espectacular y muy rica en biodiversidad. **Para mí, es el vivo retrato del paraíso.**

Me quedé con la mirada fija en el vaivén de las lenguas de fuego de los tronquitos que había echado para avivarlo. Esa modorra que me produjo la segunda copita de vino, el suave chisporroteo del fuego y el persistente sonido de la lluvia me deja en tal estado de paz que no soy consciente de la hora que es hasta que recibo una llamada de mi hija. Son las siete de la tarde.

—Hola, tesoro.

—¿Todo bien?

—Sí —digo medio amodorrada.

—Es que te siento dormida, ¿es posible?

Le cuento lo que ha ocurrido. Las conversaciones con mi hija suelen ser largas, una media hora por la cámara del WhatsApp, así que cuando colgué había casi parado de llover, hacía un frío tremendo y el fuego estaba a media lumbre. La humedad era terrible, aquello no lo paraba ni toda una bodega de Ribera del Duero. Apagué los restos del fuego y como ya había guardado antes las cosas en el coche, simplemente me encaminé hacia él. Estaba todo tan embarrado que al final decidí coger las llaves de casa, la linterna y marchar caminando hasta el pueblo. Para cuando llegué a casa tenía los labios morados, las manos medio congeladas y los pies ni me los sentía. Abrí el grifo de la ducha y estuve cinco minutos dejando que el agua casi hirviendo se deslizara por mi cuerpo. Luego me enfundé en mi pijama de felpa y en unos calcetines de pura lana virgen que tengo desde tiempos inmemoriales, bajé a la cocina y me calenté un té de jengibre con limón y miel. Encendí la chimenea y me metí en la cama. Amanecí con un resfriado del copón bendito que me dejó en la cama por cinco días.

Fin de la historia y de la aventura de una tarde de martes, 25 de febrero de 2025.

ANEXO
CINCO COSAS QUE HE APRENDIDO GRACIAS A LA CABAÑA A MIS SETENTA ABRILES

No desesperéis tengáis la edad que tengáis, que todavía podéis, si queréis, claro. Ya sabéis, ¿no? #quererespoder, y como digo en algún lugar del libro, el problema no es poder, el problema es de verdad QUERER, je, je. Y si habéis pasado los setenta, pues lo mismo, ¿sabéis por qué? Porque nunca, nunca, nunca es tarde, hasta que no te pille la parca siempre hay tiempo, quizá lo que se reduce es el tiempo de disfrutar del tiempo. Por lo demás, adelante, amigas/os, vosotros podéis.

En lo emocional/intelectual: descubrimiento de mi enorme paciencia, constancia, perseverancia, alegría, capacidad de transformar lo difícil en experiencias altamente nutritivas para mi desarrollo personal, mayor confianza en mí misma, total respeto y admiración por lo que he logrado en dos años.

En lo físico: trabajar mi masa muscular, trabajar mi equilibrio, cambio de hábitos en la comida (y otras cosas). He triplicado mi fuerza física y mejorado mi equilibrio tanto interno como externo. Subirse al tejado tiene su quid.

En lo que se refiere a construcción: cómo construir una cabaña bushcraft, cómo trabajar los ensamblajes con herramientas manuales, saber manejar un hacha, una sierra cortando a plomo, encajes, uso de la motosierra, conocimiento de la madera vieja, de la nueva y de la podrida, conocimiento del territorio donde me muevo, diferenciar los árboles de la zona: castaños, abedules, hayas, robles, avellanos... y cuáles sirven para el bushcraft y cuáles no, cómo trabajar con materiales como la cal, la arcilla y la paja, cómo trabajar la piedra, cómo hacer los premarcos y marcos para la puerta y las ventanas, cómo hacer una chimenea de piedras..., aunque el tiraje tengo que mejorarlo.

Campuero: al construir el minihuertecito he aprendido a hacer conservas, encurtidos, electrocultiuvo (buscad «electrocultura» en san Google, es para flipar, ya os lo digo ahora) y por supuesto estoy aprendiendo a cultivar, a buscar por dónde sale el sol para que mis verduras, tomates y flores tengan energía solar. ¿Y sabéis qué? Pues que me fascina todo lo que estoy haciendo y aprendiendo. ¿Sabéis que los amish son los reyes de las conservas y encurtidos?

En el aspecto tecnológico: he aprendido el manejo de las redes sociales, en Insta ya somos más de 106.000 bushcrafteros, en YouTube cerca de 11.600 y si os animáis hasta podré llegar a los 100.000 seguidores, y el programa de editar mis vídeos para YouTube me ha traído de cabeza. Y la guinda del pastel, servida en bandeja de plata por mi querido Vincent, es todo lo relacionado con el mundo del biohacking (una filosofía de vida y una práctica que usa la ciencia, la tecnología y el conocimiento de la propia biología para hackear el cuerpo humano y optimizar su funcionamiento, mejorando la salud física, el rendimiento mental y la longevidad).

Nada más que añadir, su señoría.

¿Resultado? Os juro, y no suelo jurar, que, si viera en una peli un personaje como yo, me sentiría muy orgullosa de mí y me pediría en matrimonio.